6.1 Die Umformung des Haares durch Wasser und Wärme erklären

LF 6

„Jeden Morgen muss ich meine Haare föhnen, nie hält die Frisur länger als einen Tag. Ich verstehe das nicht. Woran liegt das?" Erklären Sie der Kundin, warum sich Haare durch Wasser und Wärme umformen lassen. Erklären Sie ihr auch, wovon die Haltbarkeit solcher Frisuren abhängt.

Informieren

① Sicherlich haben Sie bereits viel Erfahrung mit der **Haltbarkeit von Föhnfrisuren** gesammelt. Bei welchen Kundinnen und unter welchen Bedingungen halten diese Frisuren besonders gut? _Bei dicken Haaren, die nur wenig Schädigung aufweisen_

② Obwohl sich die Haare von Mensch zu Mensch unterscheiden, haben sie die gleichen Eigenschaften. Welche **Eigenschaften des Haares** kennen Sie bereits?

③ Erklären Sie die folgenden Eigenschaften des Haares. Wann hat diese Eigenschaft Bedeutung? Geben Sie je zwei Beispiele an.

Eigenschaft	Erklärung	Beispiele
Saugfähigkeit	Wasseraufnahmefähigkeit bei vollständiger Benetzung mit Wasser	Haar saugt Wellflüssigkeit auf, Haar saugt Pflegemittel auf
Hygroskopizität	Wasseraufnahmefähigkeit der Luftfeuchtigkeit	Haar nimmt Feuchtigkeit aus Luft auf → Frisurenhaltbarkeit
Elastizität		
Plastizität	Fähigkeit des Haares umgeformt werden zu können	Wasserwelle, Locken mit Lockenstab, Dauerwelle
Dehnbarkeit	Keratinfasern sind dehnbar	Vor allem im nassen Zustand starke Dehnbarkeit (nicht umkehrbar)

4 a) Ergänzen Sie den Lückentext zum **Feinbau des Haares** mit den gegebenen Fachbegriffen.

> Stickstoff • ~~80 %~~ • Kittsubstanz • Wasserstoffbrücken • Faserstrangbündeln • Kohlenstoff • Wasserstoff • Mikrofibrillen • Faserschicht • Makrofibrillen • Superhelix • Peptidspiralen • Fasern • Salzbrücken • zwischen 100 und 200 • Doppelschwefelbrücken • Sauerstoff • Protofibrillen • Schwefel

b) Übertragen Sie die im Text angegebenen Nummern in die Zeichnung.

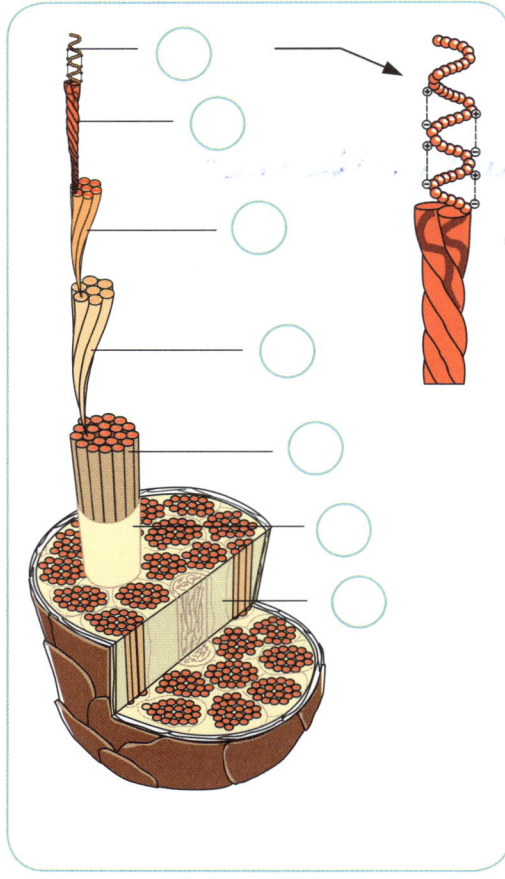

Den größten Teil des Haares bildet die __Faserschicht__ (__80%__) (1), in der sich lang gestreckte __Fasern__ befinden, die zu __Faserstrangbündeln__ (2) geordnet sind. In einem Haarquerschnitt befinden sich __zwischen 100 und 200__ dieser Faserstrangbündel. Ein Faserstrangbündel besteht aus mehreren größeren Fasern, den __Makrofibrillen__ (3), die wiederum aus kleineren Fasern, den __Mikrofibrillen__ (4) und __Protofibrillen__ (5) bestehen. Der nächstkleinere Baustein, eine __Superhelix__ (6), besteht aus drei bis fünf __Peptidspiralen__ (7). Peptidspiralen sind lange Molekülketten, die aus folgenden Elementen zusammengesetzt sind: S = __Stickstoff Schwefel__

C= __Kohlenstoff__ , H= __Wasserstoff__ ,

O= __Sauerstoff__ , N= _____ .

Die Fasern sind untereinander vernetzt und werden zusätzlich durch eine __Kittsubstanz__ zusammengehalten.

Die Vernetzungen sind __Wasserstoffbrücken__, __Salzbrücken__ und __Doppelschwefelbrücken__ .

5 Erklären Sie in einem Satz, warum Haare besonders reißfest und belastbar sind.

| Name | Klasse | Datum |

6 Ergänzen Sie die fehlenden Informationen zum **Umformungsvorgang** im Haar. Zeichnen Sie die Vorgänge im Inneren des Haares.

Tipp

Wasserstoffbrücken befinden sich auch zwischen zwei Peptidspiralen. Der Vorgang beim Öffnen und Schließen ist immer gleich.

Arbeitsschritt	Vorgang im Inneren des Haares	Beschreibung des Vorgangs im Haar
Trockenes Haar vor der Wäsche		**Wasserstoffbrücken** verbinden die Peptidspiralen und die Bögen innerhalb der Peptidspiralen. Wasserstoffbrücken entstehen durch die Anziehungskräfte zwischen negativ geladenen Sauerstoffatomen und positiv geladenen Wasserstoffatomen in der Peptidkette.
Nasses Haar		Aufgrund seiner Saugfähigkeit nimmt das Haar bei der Haarwäsche Wasser auf. Wassermoleküle sind geladen und lagern … _____ _____ _____ _____ _____ _____ Das Haar ist nun weniger stabil und bedingt formbar.
Trocknen des Haares in neuer Form		Durch die Umformung des Haares stehen nun andere Partner in der Molekülspirale für die Wasserstoffbrücken einander gegenüber. Durch das Trocknen des Haares verdunstet … _____ _____ _____ _____

Lernfeld 6 — 6.1 Die Umformung des Haares durch Wasser und Wärme erklären

Planen

7 Beschreiben Sie vereinfacht, welche Vorgänge im Haar ablaufen, wenn eine Wasserwelle gelegt wird. _____

_____

_____

_____

_____

8 Wovon hängt die Haltbarkeit der nicht dauerhaften Umformung ab?

a) Eigenschaften des Haares, die die Haltbarkeit beeinflussen:

_____

_____

_____

b) Äußere Gegebenheiten, die die Haltbarkeit beeinflussen:

_____

_____

_____

Entscheiden

9 Welche Ratschläge können Sie der Kundin geben, damit ihre Frisur länger hält?

_____

_____

Kundin

Ausführen

10 Formulieren Sie auf einem Extrablatt ein kurzes Beratungsgespräch, in dem Sie die Frage der Kundin beantworten. Erklären Sie kundengerecht den Vorgang der Haarumformung und geben Sie der Kundin Tipps, wie sie ihre Frisur länger erhalten kann.

Kontrollieren

11 Lesen Sie sich gegenseitig Ihre Beratungsgespräche vor. Kann die Kundin diese Erklärungen verstehen? Begründen Sie.

_____

Bewerten

12 Wer hat den Umformungsvorgang am besten erklärt? Erläutern Sie, was Ihnen daran besonders gefallen hat.

_____

6.2 Historische Frisiertechniken präsentieren

LF 6

Die ältere Kundin Frau Hausmann schaut interessiert zu, wie eine Kollegin mit dem Lockeneisen eine Frisur erstellt. „Ach, das war früher nicht so einfach.", bemerkt Frau Hausmann. Später im Aufenthaltsraum spricht Ihre Ausbilderin Sie an: „Historische Frisiertechniken – das ist doch ein tolles Thema. Können Sie ein paar Informationen für unsere Kundinnen zusammenstellen? Wir könnten hier etwas als Blickfang aufstellen oder aufhängen."
Wie können Sie historische Frisiertechniken ansprechend präsentieren?

Informieren

1 Was wissen Sie bereits über **historische Frisiertechniken**?

_____

2 Welche **Epochen** sind im Hinblick auf die historischen Frisiertechniken von Bedeutung? Erstellen Sie eine Liste mit Jahreszahlen.

- _____   - _____   - _____
- _____   - _____   - _____
- _____   - _____   - _____
- _____   - _____   - _____
                    - _____

3 Recherchieren Sie: Warum ist das **Mittelalter** bezüglich der historischen Frisiertechniken nicht von Bedeutung? _____

4 Welche wichtige Erfindung machte **Marcel Grateau** 1872, als er das Haar nicht über die runde, sondern die hohle Seite des Onduliereisens zog?

_____

5 Nennen Sie alle Hilfsmittel, die früher zum **Hochstecken** von Haaren verwendet wurden.

_____

6 Nennen Sie alle Präparate, die zum **Schmuck** oder zur **Haltbarkeit** verwendet wurden.

_____

_____

7 Wie wurden lockige oder wellige Frisuren erstellt bei

   a) den **Ägyptern**? _____

   b) den **Griechen** und **Römern**? _____

   _____

   _____

8 Wofür wurden folgende **Geräte** verwendet?

   - _____

     _____

   - _____

     _____

Planen

9 Welche Möglichkeiten gibt es, Informationen über die historischen Frisiertechniken zu präsentieren?

   _____

   _____

Entscheiden

10 Welche Präsentationsform wählen Sie aus? Begründen Sie Ihre Wahl.

   _____

   _____

   _____

Ausführen

11 Stellen Sie Ihrer Klasse die historischen Frisiertechniken in einer ansprechenden Form vor.

Kontrollieren

12 Vergleichen Sie Ihre Ergebnisse. Notieren Sie ggf. fehlende historische Techniken.

   _____

   _____

Bewerten

13 Welche Präsentation gefällt Ihnen am besten? Warum? _____

   _____

Name	Klasse	Datum

6.3 Arbeitsmittel, Arbeitstechniken und Präparate auswählen

Frau Müller wünscht sich nebenstehende Frisur.
Ihre Firma bekommt Geschäftsbesuch aus dem Ausland. Sie möchte die Geschäftsleute tagsüber auf einer Sightseeing-Tour und am Abend in eine Ballettaufführung begleiten. Frau Müller hat überschulterlanges, fast glattes und feines Haar, das sie gewöhnlich hochsteckt. Welche Arbeitsmittel, -techniken und Präparate wählen Sie aus?

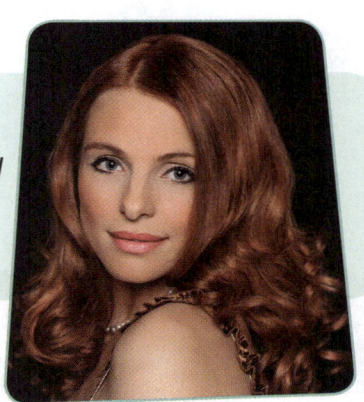

Wunschfrisur

Informieren

1 a) Folgende **Arbeitsmittel** kennen Sie aus dem Salon. Benennen Sie diese.

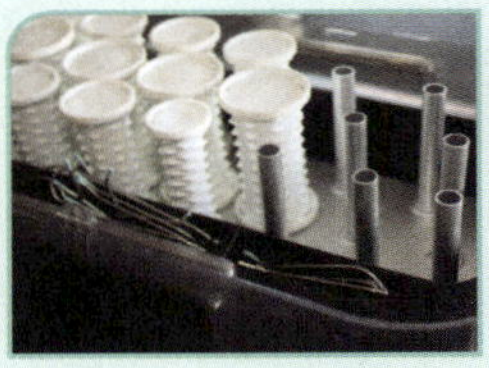	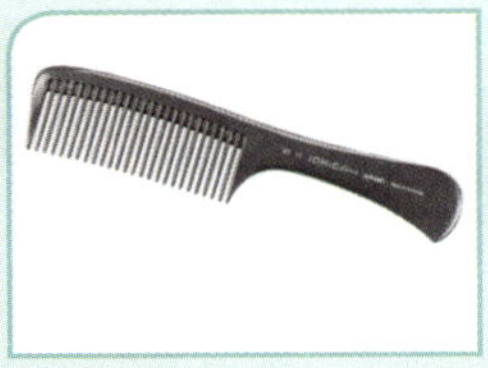	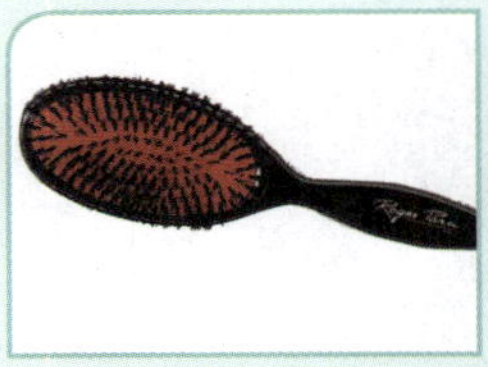	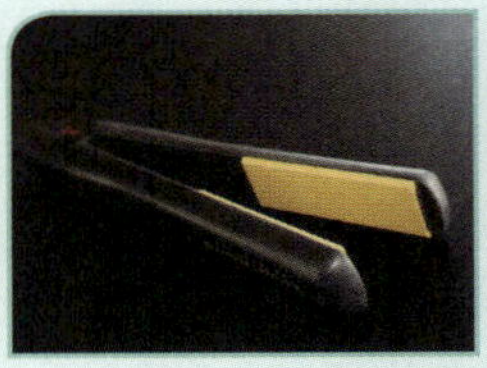	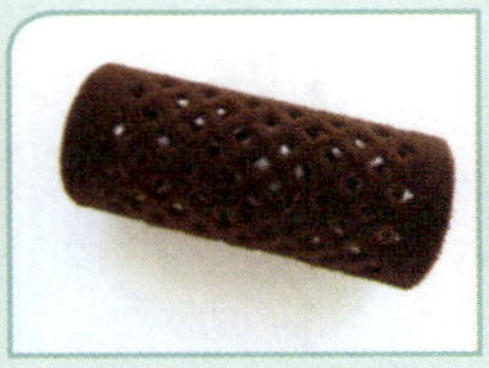
	Griffkamm		Glätteisen	
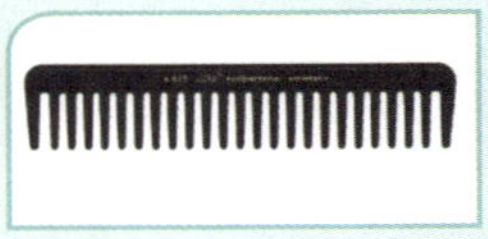	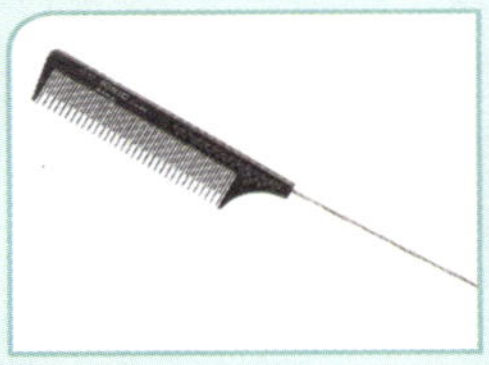	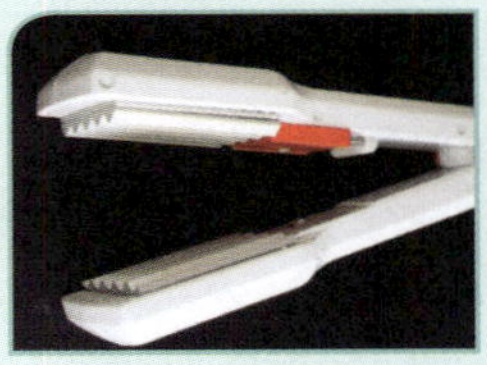	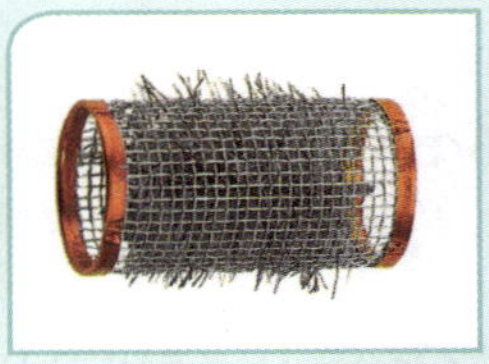	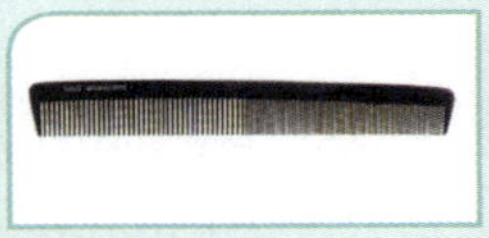
Strähnen-kamm	Stielkamm	Kreppeisen		Ondulations-kamm
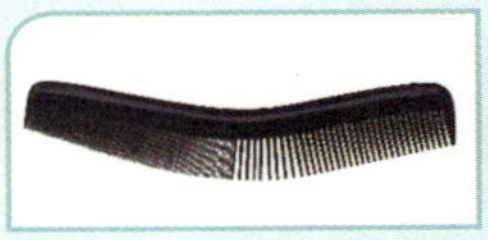	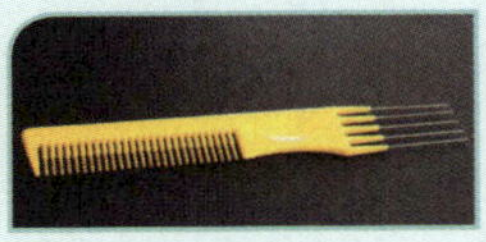	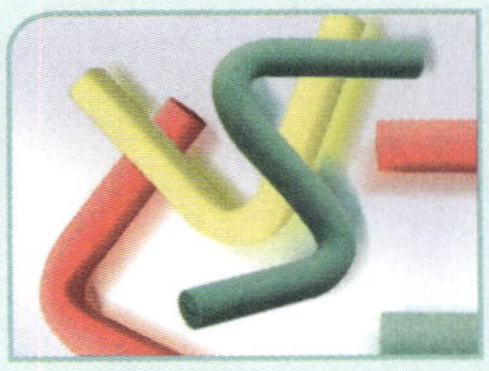	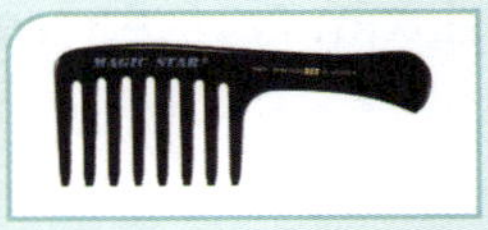	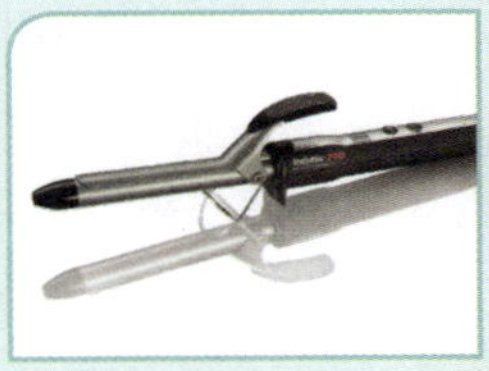
Wasserwell-kamm				
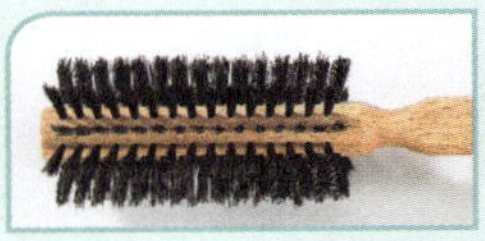	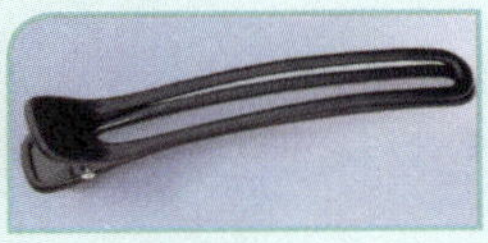	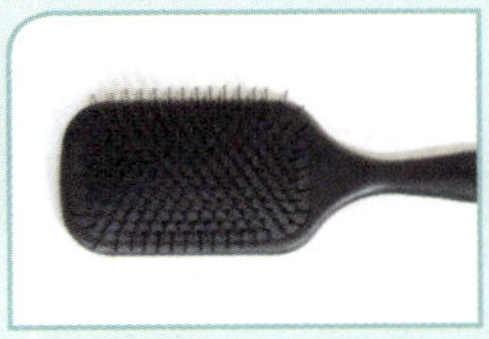	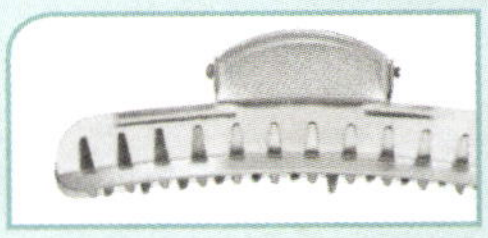	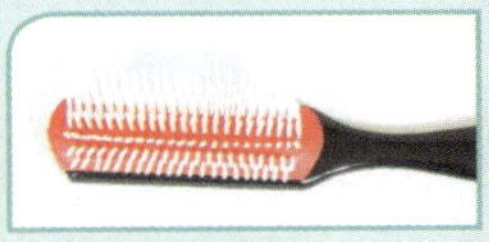
Rundbürste	Abteil-klammer	Paddlebrush		Halbrund-bürste

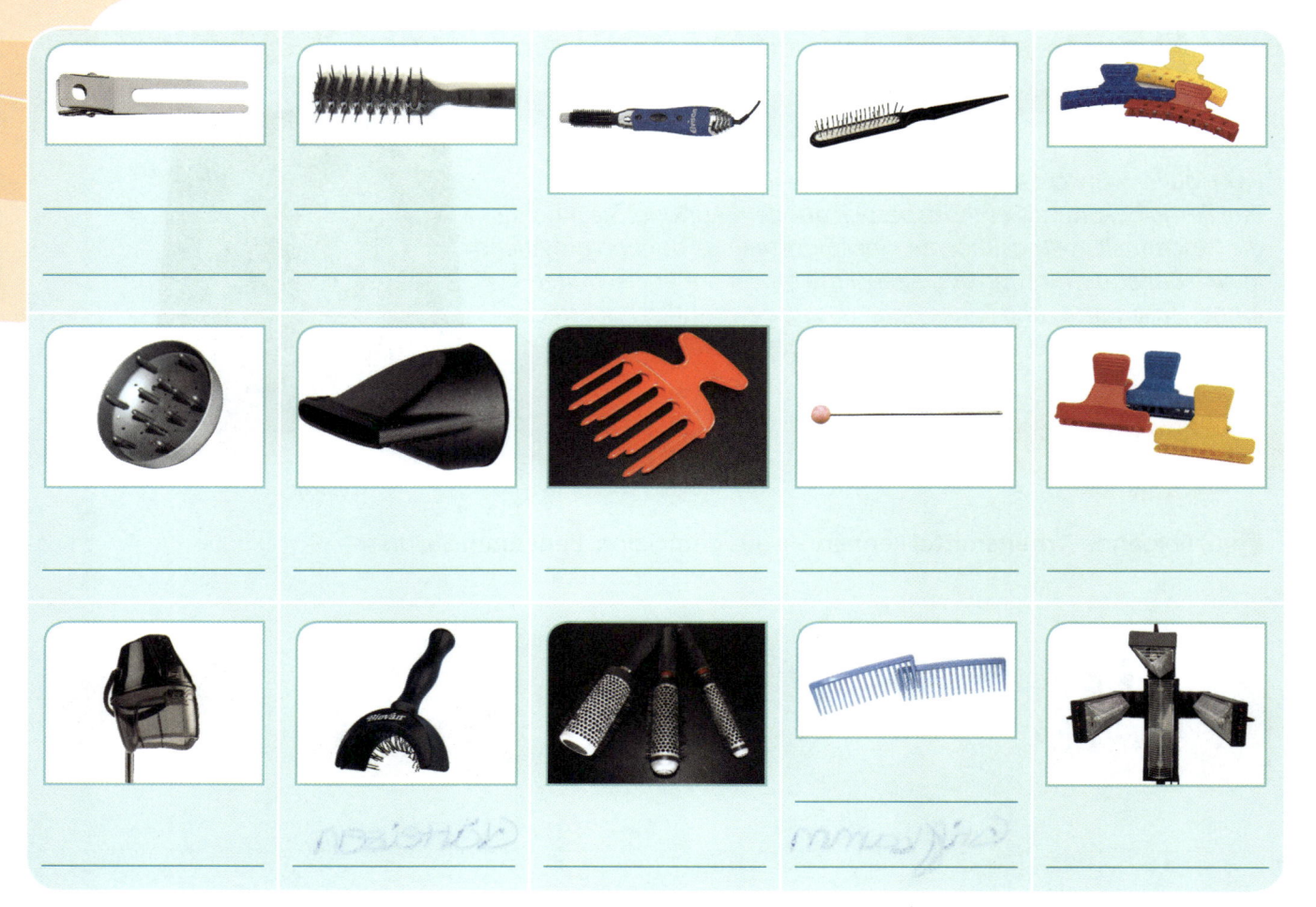

b) Für welche Arbeiten werden die genannten Arbeitsmittel hauptsächlich eingesetzt? Notieren Sie. Manche Arbeitsmittel können mehrfach zugeordnet werden.

- Arbeitsmittel **zum Trocknen** nasser Haare: _____

- Arbeitsmittel **zum Formen trockener** Haare: _____

- Arbeitsmittel **zum Einlegen** der Haare: _____

- Arbeitsmittel zum **Formen einer handgelegten Wasserwelle:** _____

- Arbeitsmittel **zum Föhnen** der Haare: _____

8 Lernfeld 6 6.3 Arbeitsmittel, Arbeitstechniken und Präparate auswählen handwerk-technik.de

| Name | Klasse | Datum |

2 a) Notieren Sie in der oberen Zeile, welche Unterschiede jeweils auf den Fotos dargestellt sind.

b) Notieren Sie in Stichworten neben der Frisurenvorlage, wie Sie die abgebildeten Frisuren und Frisurenelemente **erzielen** können.

Ansatzvolumen

a) _____   a) _____
b) _____   b) _____

Haltbarkeit

a) _____   a) _____
b) _____   b) _____

Umformungsgrad

a) _____   a) _____
b) _____   b) _____

Fallrichtung

a) _____   a) _____
b) _____   b) _____

Lernfeld 6 — 6.3 Arbeitsmittel, Arbeitstechniken und Präparate auswählen

3 Wie werden folgende **Arbeitstechniken** richtig durchgeführt? Notieren Sie die wichtigsten Arbeitsschritte in Stichworten. Die Abbildungen helfen Ihnen dabei.

Tipp
Führen Sie in Gedanken jede der folgenden Arbeitstechniken Schritt für Schritt durch.

a) Einlegen mit **Volumenwicklern**

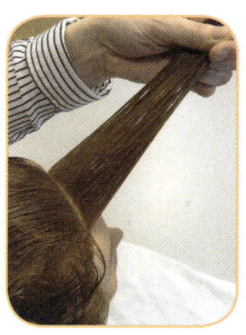

b) Papillotieren: **stehende Papilloten**

c) Papillotieren: **liegende Papilloten**

Lernfeld 6   6.3 Arbeitsmittel, Arbeitstechniken und Präparate auswählen

d) Arbeiten mit **dem Lockenstab** vom Ansatz bis zur Spitze

4 Welche Fehler sind auf dem Bild links beim **Föhnen** zu erkennen?
Notieren Sie auch die richtige Vorgehensweise beim Föhnen.

Falsch	Richtig

5 Das **Glätteisen** ist ein vielseitiges Werkzeug.

Mit dem Glätteisen lassen sich Haare glätten, indem …

Mit dem Glätteisen lassen sich Locken erstellen, indem …

Lernfeld 6 6.3 Arbeitsmittel, Arbeitstechniken und Präparate auswählen

6 Tragen Sie in jedes Kästchen die Antworten für folgende Aufgaben ein:

a) Geben Sie ein Beispiel für ein Präparat an.
b) Welche Haupteigenschaften hat das Präparat?
c) Wie wird das Präparat angewendet?
d) Nennen Sie zwei wichtige Inhaltsstoffe.

Schaumfestiger

a) _____
b) _____
c) _____
_____
d) _____

Föhnlotion/Haarfestiger

a) _____
b) _____
c) _____
_____
d) _____

Stylingpräparate werden vor dem Trocknen aufgetragen

Präparate zum Erstellen von Frisuren

Finishpräparate werden zum Fixieren auf das trockene Haar gegeben

Frisiercreme

a) _____
b) _____
c) _____
d) _____

Haarglanzspray

a) _____
b) _____
c) _____
d) _____

Haargel

a) _____
b) _____
_____
c) _____
_____
d) _____
_____

Haarwachs

a) _____
_____
b) _____
c) _____
d) _____
_____

Haarspray, Haarlack

a) _____
_____
b) _____
c) _____
d) _____
_____

| Name | Klasse | Datum |

Planen

7 Welche Kundengegebenheiten müssen Sie bei Frau Müller (vgl. S. 7) beachten?

_____

_____

Wunschfrisur

Entscheiden

8 Mit welchen Arbeitsmitteln und Arbeitstechniken werden Sie die Wunschfrisur von Frau Müller erstellen? Kreuzen Sie an und begründen Sie kurz.

a) Welche Arbeitstechnik ist am besten geeignet?

Zur Umformung wähle ich
- das Einlegen auf Volumenwicklern,
- das Papillotieren,
- die handgelegte Wasserwelle,
- eine Föhnfrisur,
- eine Umformungstechnik im trockenen Haar (Lockenstab, Kreppeisen oder Glätteisen),

weil _____

_____

_____

_____

_____

b) Welchen Umformungsgrad hat die Frisur?

Ich verwende Rundbürsten oder Volumenwickler mit
- großem Durchmesser,
- mittlerem Durchmesser,
- kleinem Durchmesser,

weil _____

_____

_____

c) Wie groß ist das Ansatzvolumen?

Beim Föhnen oder Einlegen wähle ich einen Kämmwinkel, der
- größer als 90° ist (= stumpfer Winkel),
- etwa 90° hat (= rechter Winkel),
- kleiner als 90° ist (= spitzer Winkel),

weil _____

_____

_____

d) In welche Richtung fallen Wellen oder Locken?

Beim Föhnen oder Einlegen platziere ich die Wickler oder Bürsten
- waagerecht, Haare von oben über den Wickler/die Bürste,
- waagerecht, Haare von unten um den Wickler/die Bürste,
- senkrecht,
- im Wechsel nach links oder rechts bei liegenden Papilloten,

weil _____

_____

_____

_____

Ausführen

9 Welche Arbeitsmittel, -techniken und Präparate wählen Sie aus, um den Frisurenwunsch von Frau Müller umzusetzen? Beschreiben Sie jeden Arbeitsschritt. Begründen Sie Ihr Vorgehen.

1. Haare waschen, um _____ .

2. Festiger auftragen, um _____ .

3. Haare einlegen. Arbeitsmittel: _____ .

Am Oberkopf/Wirbel _____

_____

_____ .

Im Nackenbereich _____

_____. In den

Seitenbereichen _____ .

4. Haare trocknen. _____

_____ .

5. Nach dem Trocknen Haare auskühlen lassen, um _____ .

6. Nach dem Frisieren Haarspray verwenden, _____

_____ .

Kontrollieren

10 Vergleichen Sie Ihre Lösungen untereinander. Notieren Sie Ihre Antworten auf einem Extrablatt.
- Welche Arbeitsmittel hat Ihre Mitschülerin gewählt?
- Welche Arbeitstechnik hat Ihre Mitschülerin gewählt?
- Welche Präparate hat Ihre Mitschülerin gewählt?

Bewerten

11 Sind Ihre Ausführungen richtig oder sind beide Lösungen möglich? Begründen Sie.

_____

_____

_____

_____

_____

_____

Lernfeld 6   6.3 Arbeitsmittel, Arbeitstechniken und Präparate auswählen   handwerk-technik.de

6.4 Eine Frisur nach Vorlage planen und beschreiben

LF 6

Frau Larsson hat sich zum Einlegen und Frisieren angemeldet. Sie hat ein Foto ihrer Wunschfrisur mitgebracht.
„Heute Abend möchte ich meinen Freund mit einer Einladung in ein tolles Restaurant überraschen. Dafür möchte ich meinen glatten Bob in einer lockigen Frisur tragen – so wie auf diesem Bild. Vielleicht kann ich die Frisur dann auch nächsten Monat zum Firmenjubiläum tragen."
Erstellen Sie diese Frisur mithilfe von Einlegetechniken. Halten Sie alle Planungen schriftlich fest, damit Sie die Frisur später nochmal genauso erstellen oder Verbesserungen vornehmen können.

Wunschfrisur

Informieren

1 Welche **Frisurenelemente** weist die Wunschfrisur von Frau Larsson auf?

_____
_____

2 Beschreiben Sie das **Haarvolumen**. Wo befindet sich viel/etwas/wenig Volumen?

_____
_____

3 a) Welche **Arbeitstechnik** steht Ihnen zur Verfügung, wenn die Umformung haltbar sein soll?

_____
_____

b) Begründen Sie Ihre Antwort in Aufgabe 3a.

_____
_____
_____
_____

④ Erstellen Sie eine Skizze zu der **Einlegetechnik** in den folgenden Abbildungen. Nachstehende Zeichen können bei der Darstellung einer Einlegeskizze helfen:

Tipp

Pausen Sie die Köpfe durch und probieren Sie die Anordnung und Größe der Wickler aus, bevor Sie diese in das Arbeitsheft übertragen.

	Volumenwickler		Stehende Papilloten		Liegende Papilloten	Handgelegte Wasserwelle
	Frontal	Von der Seite	Frontal	Von der Seite	Frontal	Frontal
Große Locken- und Wellenbögen						
Kleine Locken- und Wellenbögen						

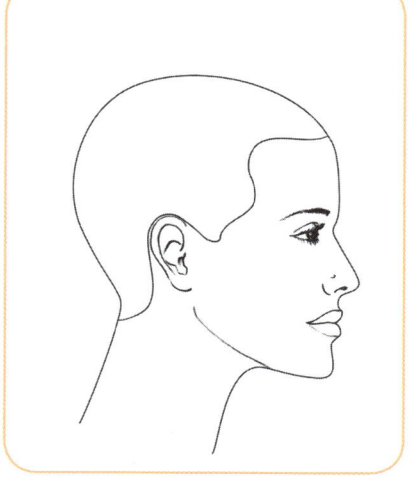
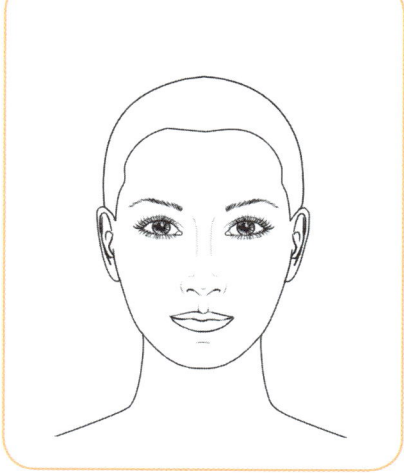
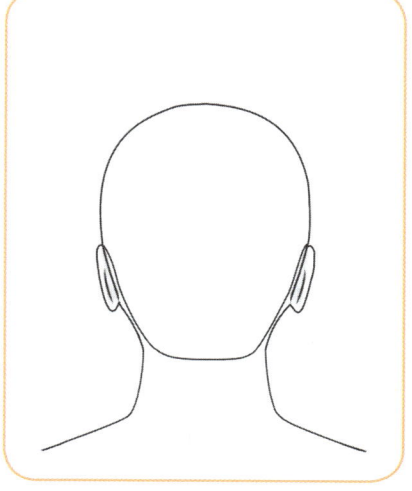

Lernfeld 6 — 6.4 Eine Frisur nach Vorlage planen und beschreiben

5 Entwerfen Sie anhand der Fotovorlage eine Skizze. Legen Sie mit Pfeilen die Einlegerichtung fest.

Einlegerichtung	Volumenwickler		Stehende Papilloten	
Nach unten				
Nach oben				

Einlegerichtung	Volumen-wickler	Stehende Papilloten	Liegende Papilloten	Handgelegte Wasserwelle
Nach links				
Nach rechts				

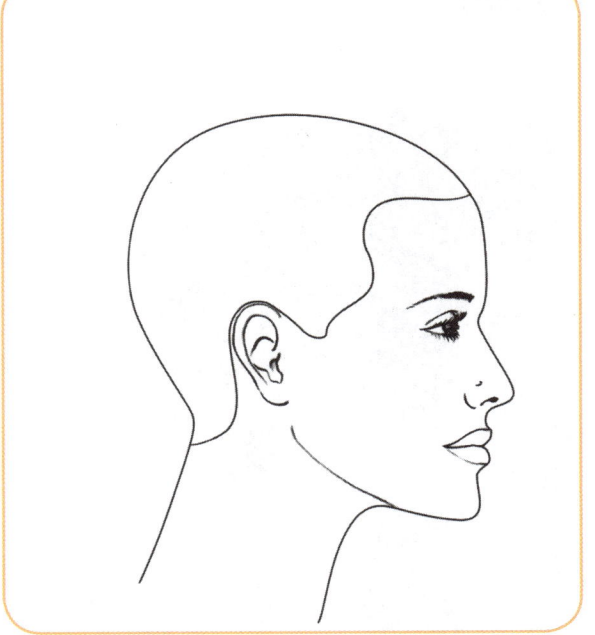

6 Erstellen Sie anhand der Fotos Skizzen zu den folgenden Einlegetechniken.

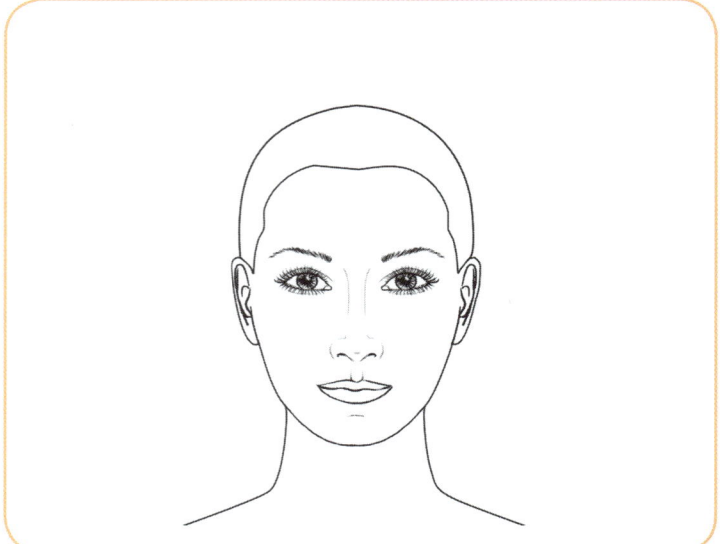

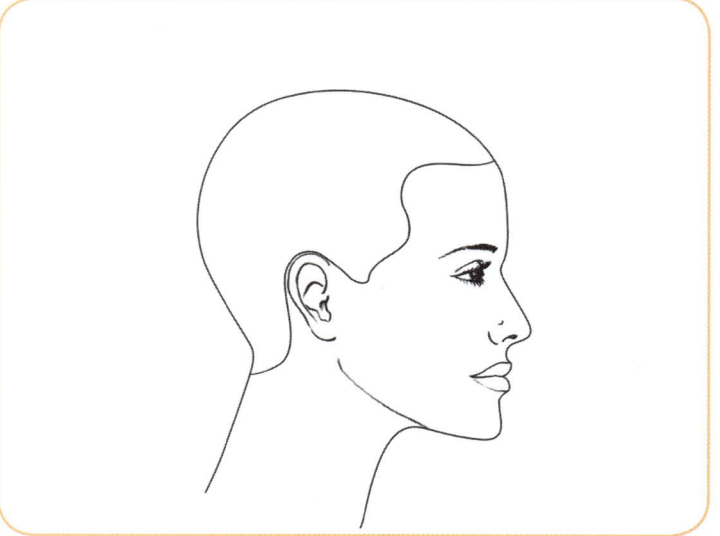

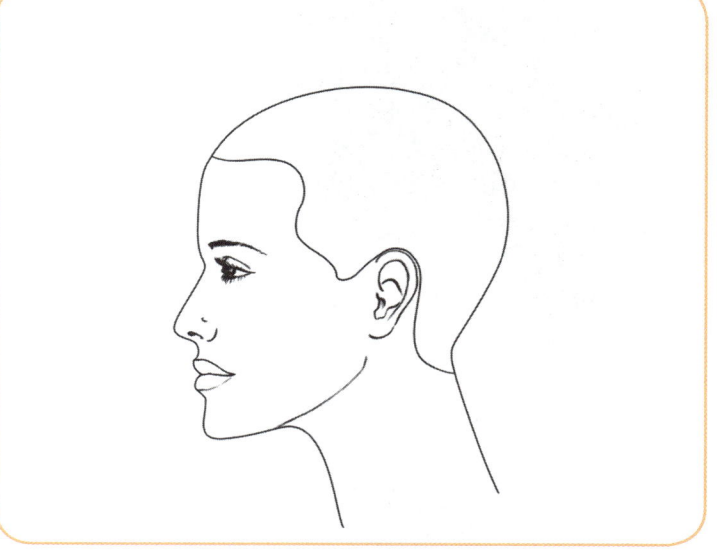

| Name | Klasse | Datum |

Planen

7 Mit welchen Einlegetechniken können Sie Frau Larssons Wunschfrisur (vgl. S. 15) erstellen? Nennen und beschreiben Sie zwei Techniken stichwortartig. Berücksichtigen Sie die Wickeltechnik, die Größe der Wickler und die Abteilungen.

Möglichkeit A: _____

_____

_____

Möglichkeit B: _____

_____

_____

Entscheiden

8 Für welche Einlegetechnik entscheiden Sie sich? Begründen Sie Ihre Wahl.

_____

_____

_____

_____

Ausführen

9 Zeichnen Sie Ihre Technik in die folgenden Skizzen ein. Beschreiben Sie die Technik in Stichpunkten. Welches Ziel wollen Sie mit der ausgewählten Arbeitstechnik erreichen?

Zeichnung der Wickeltechnik	Beschreibung	Ziel
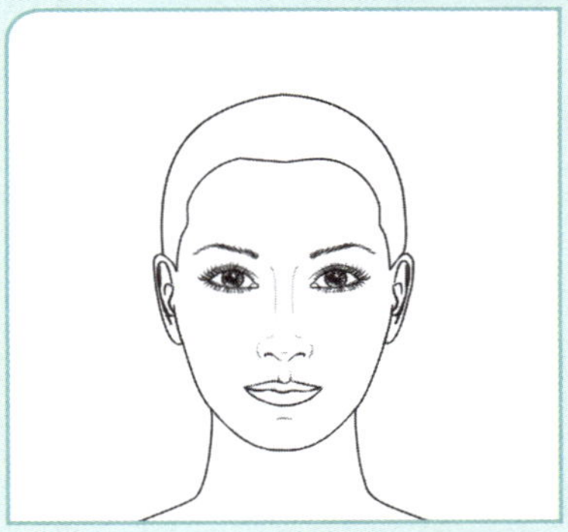	Oberkopf und Vorderkopf:	

Lernfeld 6   6.4 Eine Frisur nach Vorlage planen und beschreiben

Zeichnung der Wickeltechnik	Beschreibung	Ziel
	Seitenbereiche:	
	Wirbelbereich:	
	Nackenbereich:	

Kontrollieren

10 Vergleichen Sie Ihre Planung mit den Mitschülerinnen. Wo finden Sie Unterschiede?

11 Führen Sie Ihre Einlegetechnik an einem Übungskopf oder einem Modell durch.

Bewerten

12 Wo stimmt das Ergebnis mit der Planung überein?

13 In welchen Bereichen sollten Sie ihre Planung ändern/verbessern?

Komplexe Aufgabe: Kundenberatung mit Frisuren- und Präparateempfehlungen durchführen

Frau Meurer hat einen neuen Haarschnitt bekommen. Sie sieht Ihnen etwas unsicher beim Föhnen und Stylen der neuen Frisur zu.
Sie sprechen Frau Meurer an: „Die neue Frisur zu stylen ist zu Anfang ungewohnt. Darf ich Ihnen ein paar Tipps geben?" Welche Stylingtipps und Präparate können Sie Frau Meurer anbieten? Stellen Sie ihr auch eine weitere Frisurenvariante für ihren Haarschnitt vor.

Informieren

1. Welche Informationen benötigen Sie, um Frau Meurer beraten zu können?

2. Frau Meurer hat dickes, glanzloses und in den Spitzen aufgehelltes Haar. Welche Präparate können Sie empfehlen? Nennen Sie mindestens vier Präparate. Begründen Sie Ihre Auswahl.

3. Wie trocknen und stylen Sie die Haare von Frau Meurer?

4. Wie könnte dieser Haarschnitt anders frisiert werden? Beschreiben Sie drei Frisuren und erklären Sie die Arbeitstechniken.

Planen

5. Welche Hilfsmittel können Ihnen bei der Beratung helfen?

Entscheiden

6. Welche zwei Präparate stellen Sie Frau Meurer vor?

7. Welche der von Ihnen entworfenen Frisurenvarianten aus Aufgabe 4 schlagen Sie Frau Meurer vor? Begründen Sie Ihre Entscheidung.

Ausführen

8. Führen Sie ein Gespräch mit Frau Meurer. Beginnen Sie mit der vorgegebenen Einleitung aus der Einstiegssituation. Empfehlen Sie im Gespräch zwei Präparate. Erklären Sie der Kundin mit einfachen Worten, wie die Frisur zu erstellen ist. Schlagen Sie ihr außerdem eine Frisurenvariante vor.

Kontrollieren

9. Lesen Sie das Gespräch mit verteilten Rollen. Bitten Sie Ihre Mitschülerin, die Frisurenvarianten nochmals zu beschreiben. Waren Ihre Erklärungen vollständig und verständlich?

Bewerten

10. Was können Sie an der Beschreibung der Frisuren und der Arbeitstechniken verbessern?

English – Hairdressing equipment

❶ Match the following tools and products with the pictures.

radial brush		rollers		tail-comb	
butterfly clip		setting pin		wax	
wide-toothed comb		scissors		hood-dryer	
towel		blow-dryer		flat brush	
setting lotion		hairspray		hair straightener	

①  ②  ③  ④ 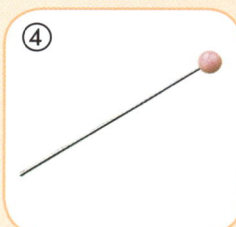 ⑤

⑥ 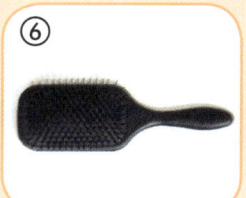 ⑦  ⑧  ⑨  ⑩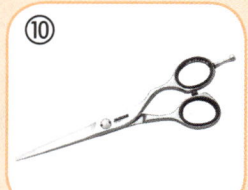

⑪  ⑫  ⑬  ⑭  ⑮

❷ Play with your partner. Pick a tool or a product from the box above and describe it. You may use the chart below. Let your partner guess which word you have picked.

It is something which is used for	keeping rollers in place. drying hair. combing products into the hair. combing wet hair after washing. blow-drying straight and smooth hairstyles. adding shine and volume to the hair. straightening dry hair. curling the hair. dividing off strands or making a parting. holding the finished hairstyle in place. holding the hair when working with long hair. cutting the hair.

❸ Write down the description of each tool in full sentences into your folder.
Example: **Towels are used for drying hair.**

7.1 Individuelle Kundengegebenheiten erfassen

LF 7

Wie können Sie sich das Erfragen, Beurteilen und Dokumentieren der Kundengegebenheiten vor einer dauerhaften Haarumformung erleichtern? Entwickeln Sie eine Karteikarte, die sich schnell ausfüllen lässt und mit der alle wichtigen Punkte abgefragt werden können.

Informieren

1 In Ihrem Ausbildungssalon werden sicher auch **dauerhafte Haarumformungen** („Dauerwellen" oder Haarglättungen) angeboten. Welche Informationen notieren Sie, wenn eine Kundin eine dauerhafte Haarumformung bekommen hat?

_____
_____

2 Welche Gründe haben Kundinnen, ihre Haare dauerhaft umformen zu lassen? Nennen Sie Beispiele der **Kundenwünsche** aus dem Salon. Ergänzen Sie mithilfe des Buches.

_____
_____
_____
_____

3 Welchen Einfluss haben die **Frisiergewohnheiten** der Kundin?

_____
_____
_____
_____

4 Die **Haarlänge** der Kundin beeinflusst das Wellergebnis. Ergänzen Sie folgende Ratschläge an die Kundin:

„Bedenken Sie, nach der Umformung wirken Ihre langen Haare _____."

„Langes Haar hat ein großes Eigengewicht, eine Umformung bringt deshalb kaum
_____."

5. Bei langem Haar benötigen Sie mehr Wellflüssigkeit, weil viele Lagen Haar um einen Wickler liegen. Die auf die äußeren Lagen aufgetragene Wellflüssigkeit gelangt nur deshalb bis in die Haarspitzen, weil Haare **kapillarisch** sind.

a) Vervollständigen Sie die Zeichnung.

b) Erklären Sie den Begriff **Kapillarität**.

_____

_____

_____

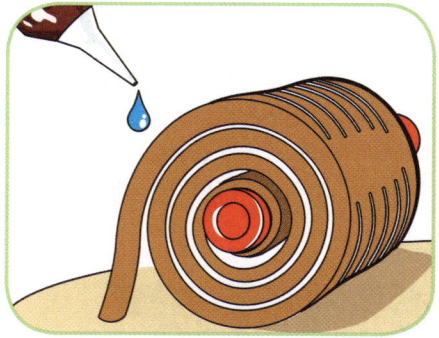

6. Welche **Umformungseigenschaften** haben die abgebildeten Haare?

Feines Haar	• _____
	• _____
Dickes Haar	• _____
	• _____
	• _____
Ovales Haar Rundes Haar	• _____
	_____
Bandförmiges Haar	• _____
	_____

7. Wie können Sie feststellen, welchen **Querschnitt** das Haar einer Kundin hat?

_____

_____

_____

_____

Name Klasse Datum

8 Wie können Sie folgenden Kundinnen das **Frisieren erleichtern?**

Meine Haare fallen am Wirbel immer auseinander.

Mein Pony fällt so flach und gerade ins Gesicht.

9 Die Haarstruktur bestimmt die **Saugfähigkeit** des Haares.

a) Haare sind saugfähig, das bedeutet,

b) Womit könnte die rechts abgebildete Kundin ihre Haare chemisch behandelt haben?

c) Wann hat die letzte Behandlung stattgefunden?

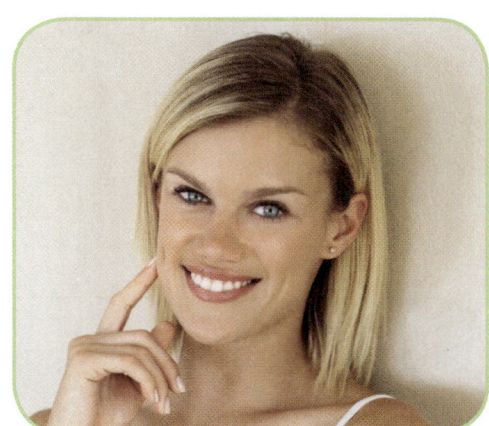

d) Wie saugfähig ist das Haar der Kundin?
Zeichnen Sie ein Haar der Kundin vom Ansatz bis zur Spitze.
Schraffieren Sie die besonders saugfähigen Bereiche Rot.

Ansatz	Länge	Spitze

e) Welche Vorbehandlungen beeinflussen die Saugfähigkeit des Haares?

10 Präparate zur dauerhaften Haarumformung enthalten hautschädigende Inhaltsstoffe.
Welchen **Kopfhautzustand** müssen Sie vor dem Auftragen eines Wellmittels ausschließen?

11 Ordnen Sie die vier Ziffern zu.

Welche Umformung bevorzugt ein …

… extravaganter Typ? ◯
… femininer Typ? ◯
… natürlicher Typ? ◯
… romantischer Typ? ◯

Planen

12 Um die Kundengegebenheiten möglichst schnell abzufragen und zu dokumentieren, eignen sich geschlossene Fragen. Die möglichen Antworten werden vorgegeben.
Welche Antwortmöglichkeiten gibt es bei den folgenden Eigenschaften des Haares?

Beispiel: Haarstärke ☐ *fein* ☐ *normal* ☐ *dick*

Frisiergewohnheiten: _____

Haarstruktur: _____

Typ: _____

Entscheiden

13 Eine Karteikarte ist klein. Entscheiden Sie sich für die wichtigsten Punkte, die Sie ermitteln und

dokumentieren sollten. _____

_____

Ausführen

14 Entwerfen Sie auf einem Extrablatt eine Kundenkarte in Karteikartengröße (DIN A5).

Kontrollieren

15 Nutzen Sie Ihre Karteikarte und notieren Sie in einer kurzen, mündlich durchgeführten Beratung mit Ihrer Mitschülerin alle Kundengegebenheiten. Tauschen Sie anschließend die Rollen.

Bewerten

16 Welche Kundengegebenheiten können mithilfe Ihrer Karteikarte nicht dokumentiert werden?

_____

17 Notieren Sie mindestens einen Verbesserungsvorschlag für die Gestaltung oder die Aufteilung der Stichpunkte auf Ihrer Karteikarte.

_____

7.2 Den Vorgang der dauerhaften Haarumformung erklären

LF 7

Frau Hildebrecht kommt seit vielen Jahren jeden Freitag zum Waschen und Legen in den Salon. Diesmal beklagt sie sich:
„Es fällt mir schwer, jede Woche zu kommen. Gibt es denn nicht etwas, das meine Locken länger haltbar macht? Eine Dauerwelle möchte ich nicht so gerne."
Erklären Sie der Kundin, warum nur eine dauerhafte Umformung ihre Locken haltbar machen kann.

Informieren

1 Notieren Sie in Stichworten, was Sie bereits über die **Wirkung** von Präparaten zur dauerhaften Umformung wissen.

_____

_____

2 a) Zeichnen Sie die fehlenden **Brückenbindungen** ein und beschriften Sie die Zeichnung.

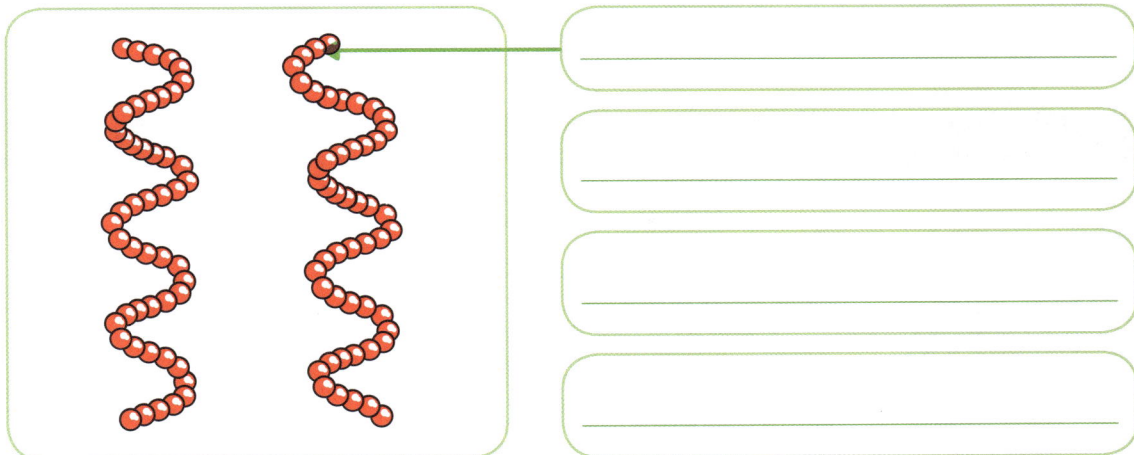

b) Welche Aussage trifft zu? Tragen Sie die Buchstaben in die richtigen Kästchen in Aufgabe 2a ein. Pro Kästchen sind mehrere Buchstaben möglich.

A	werden auch Disulfidbrücken genannt	E	die Verbindungen werden durch Schwefelatome gebildet
B	sind die festesten Verbindungen	F	werden durch Alkalien geöffnet
C	sind die schwächsten Verbindungen	G	werden durch Wasser geöffnet
D	schließen sich durch Säuren	H	sind nur durch chemische Vorgänge zu öffnen

3 Hauptwirkstoffe in **Well- und Fixiermitteln:**

a) Geben Sie je ein Beispiel für die genannte Stoffgruppe an.

b) Nennen Sie die Aufgaben dieser Stoffgruppe.

Wellmittel enthält

a) **Reduktionsmittel,** z. B. _____

b) Aufgaben:

- _____
- _____
- _____

a) **Alkalien,** z. B. _____

b) Aufgaben:

- _____
- _____
- _____

Fixiermittel enthält

a) **Oxidationsmittel,** z. B. _____

b) Aufgaben:

- _____
- _____
- _____

a) **Säure,** z. B. _____

b) Aufgaben:

- _____
- _____
- _____

④ Was bewirken die **Hauptwirkstoffe** im Haar? Beschreiben Sie die Vorgänge in ganzen Sätzen unter Verwendung dieser Begriffe:

> Doppelschwefelbrücken • Reduktionsmittel • Oxidationsmittel • Keratinmoleküle (oder Peptidspirale) • Alkalien • Anlagerung (bzw. anlagern) • Öffnung (bzw. öffnen)

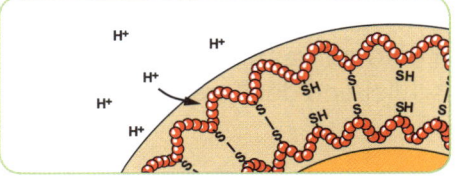

_____
_____
_____
_____

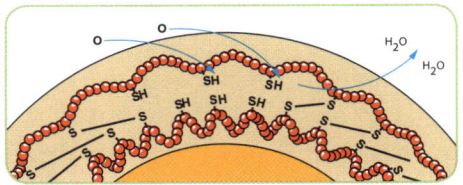

_____
_____
_____
_____
_____
_____
_____

Planen

⑤ Notieren Sie, wodurch sich die dauerhafte Umformung von der Wasserwelle unterscheidet.

Dauerhafte Umformung	Wasserwelle

Entscheiden

6 Welche Unterscheidung ist die wichtigste, um Frau Hildebrecht (vgl. S. 27) von einer dauerhaften Haarumformung zu überzeugen? Unterstreichen Sie diese in Aufgabe 5.

Ausführen

7 Beschreiben Sie zunächst Frau Hildebrecht kurz in eigenen Worten, was bei einer dauerhaften Umformung im Haar passiert. Erklären Sie anschließend der Kundin, warum im Gegensatz dazu eine Wasserwelle nicht haltbar ist.

_____

_____

_____

_____

Kontrollieren

8 Haben Sie alle folgenden Begriffe in Ihrer Erklärung gefunden? Haken Sie ab:

- ☐ Quellung
- ☐ Doppelschwefelbrücken
- ☐ Reduktionsmittel
- ☐ Reduktionsmittelanteil
- ☐ Säuren
- ☐ Alkalien
- ☐ Oxidationsmittel
- ☐ Oxidationsmittelanteil
- ☐ Wasserstoffbrücken
- ☐ Wasser
- ☐ Trocknung
- ☐ Keratinmolekül

Bewerten

9 Notieren Sie die fehlenden Begriffe und geben Sie eine kurze Erklärung dazu.

_____

_____

_____

10 Welche Schulnote dürfen Sie sich geben?

_____

(12–11 Begriffe: sehr gut, 10–9 Begriffe: gut, 8–7 Begriffe: befriedigend, 6–5 Begriffe: ausreichend, 4–3 Begriffe: bitte noch einmal versuchen, 2–0 Begriffe: bitte die Seiten erneut bearbeiten)

7.3 Arbeitsmittel, Wickeltechniken und Präparate auswählen

LF 7

Frau Stolze hat etwas überschulterlanges, fast glattes Haar. Die Haare sind fein und in Dunkelbraun gefärbt. Sie hat sich anlässlich einer Geburtstagsparty die Haare mit einem Lockeneisen stylen lassen. Nun ist sie begeistert von der lockigen Frisur und wünscht sich eine dauerhafte Haarumformung.
Welche Arbeitsmittel, Wickeltechniken und Präparate wählen Sie aus?

Informieren

① Wie sollen die glatten Haare von Frau Stolze nach der Umformung aussehen? Beschreiben Sie die Frisur auf dem obigen Foto.

_____

_____

② Informieren Sie sich über folgende **Spezialwickler** und füllen Sie die Tabelle aus.

Bezeichnung			
Abbildung			
Eingesetzt für folgende Frisuren			
So wird mit diesem Wickler gewickelt			

3 Die **Anordnung der Wickler** beeinflusst das Ergebnis.
Stellen Sie drei verschiedene Möglichkeiten dar, Wickler auf dem Kopf anzuordnen.

- Benennen Sie die Wickeltechnik.
- Zeichnen Sie die Wickleranordnung in die Skizze ein.
- Beschreiben Sie die Durchführung der Wickeltechnik.
- Bei welchen Kundenwünschen setzen Sie diese Technik ein?

Name der Wickeltechnik/Skizze	Durchführung/Kundenwunsch
_____	Durchführung: _____
	Kundenwunsch: _____
_____	Durchführung: _____
	Kundenwunsch: _____
_____	Durchführung: _____
	Kundenwunsch: _____

Lernfeld 7 7.3 Arbeitsmittel, Wickeltechniken und Präparate auswählen

| Name | Klasse | Datum |

4 Benennen Sie jeweils die Technik und beschreiben Sie die Durchführung.
Mit welcher **Wickeltechnik** können Sie …

a) … nur die **Längen umformen**?

Kundenwunsch

flache, glatte Ansätze, viel Volumen und Locken in Längen und Spitzen

Wickeltechnik: _____

Durchführung: _____
_____
_____
_____
_____
_____
_____

b) … nur den **Ansatz umformen**?

Kundenwunsch

viel Volumen am Ansatz, ungleichmäßige, zum Teil glatte Längen und Spitzen oder für Ansatzdauerwellen

Wickeltechnik: _____

Durchführung: _____
_____
_____
_____
_____
_____
_____

c) … einem **flach fallenden Wirbel Volumen** geben?

Kundenwunsch

Volumen im Wirbelbereich

Wickeltechnik: _____

Durchführung: _____
_____
_____
_____
_____
_____
_____

5 Welche Wirkstoffe und Hilfsstoffe finden Sie in diesem **Wellpräparat**?

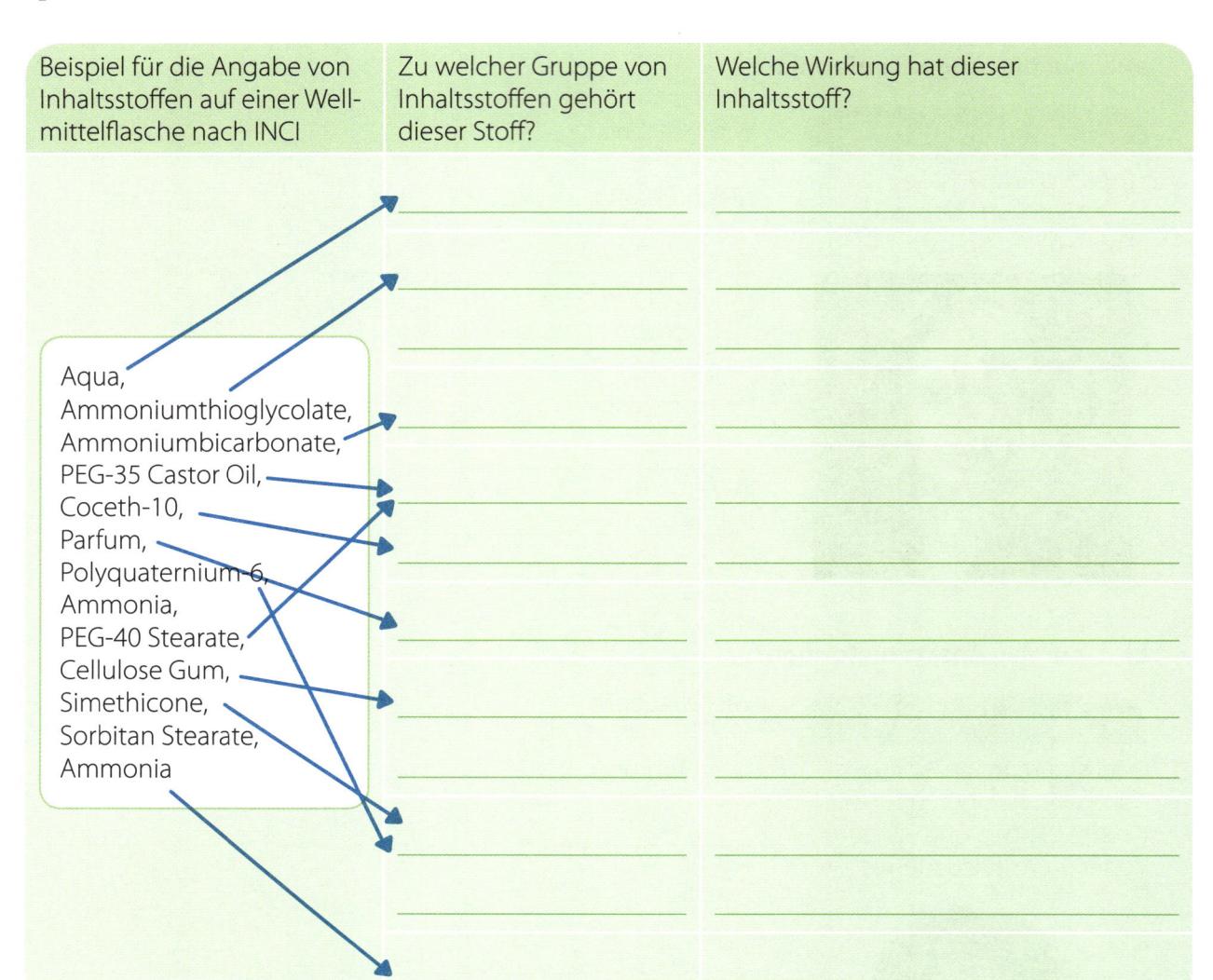

Beispiel für die Angabe von Inhaltsstoffen auf einer Wellmittelflasche nach INCI	Zu welcher Gruppe von Inhaltsstoffen gehört dieser Stoff?	Welche Wirkung hat dieser Inhaltsstoff?
Aqua, Ammoniumthioglycolate, Ammoniumbicarbonate, PEG-35 Castor Oil, Coceth-10, Parfum, Polyquaternium-6, Ammonia, PEG-40 Stearate, Cellulose Gum, Simethicone, Sorbitan Stearate, Ammonia		

6 Welche Hauptwirkstoffe befinden sich in diesem **Fixiermittel**?

Beispiel für die Angabe von Inhaltsstoffen auf einem Fixiermittel nach INCI	Zu welcher Gruppe von Inhaltsstoffen gehören die dick gedruckten Stoffe?	Welche Wirkung haben diese Inhaltsstoffe?
Aqua, **Hydrogen Peroxide**, Propylene Glycol, PEG-35 Castor Oil, Laureth-4, Coceth-10, Coco-Betaine, Parfum, Styrene/PVP Copolymer, **Phosphoric Acid**, Polyquaternium-35, Sodium Cocoamphoacetate, Salicylic Acid		

Lernfeld 7   7.3 Arbeitsmittel, Wickeltechniken und Präparate auswählen

| Name | Klasse | Datum |

7 **Wellpräparate** werden für unterschiedliche Haarqualitäten angeboten. Sie unterscheiden sich vor allem in der Konzentration der Hauptwirkstoffe.

a) Welche Wellpräparate enthalten viel, welche enthalten wenig **Reduktionsmittel**? Zeichnen Sie entsprechend viele oder wenige Tropfen ein. Begründen Sie Ihre Entscheidung.

b) Welche Wellpräparate enthalten viel, welche enthalten wenig **Alkalisierungsmittel**? Zeichnen Sie entsprechend viele oder wenige Tropfen ein. Begründen Sie Ihre Entscheidung.

Wellpräparate für schwer wellbares Haar …	Wellpräparate für normales Haar …	Wellpräparate für gefärbtes/blondiertes Haar …
… enthalten _____ Reduktionsmittel und _____ Alkalisierungsmittel, weil _____	… enthalten _____ Reduktionsmittel und _____ Alkalisierungsmittel. _____	… enthalten _____ Reduktionsmittel und _____ Alkalisierungsmittel. _____

Lernfeld 7   7.3 Arbeitsmittel, Wickeltechniken und Präparate auswählen

8 Um die **unterschiedlichen Haarqualitäten** noch besser berücksichtigen zu können, werden die Wellpräparate ständig verbessert und mit veränderter Rezeptur und Anwendungstechnik auf den Markt gebracht. Benennen Sie ggf. die Präparate und beschreiben Sie die Besonderheiten dieser speziellen Wellpräparate.

_____

„Maximale Schonung der Haarstruktur plus hohe Ergebnissicherheit dank bewährter Neutraltechnologie – wirkt im pH-neutralen Bereich."
Diese Präparate eigenen sich besonders

für _____

_____, weil sie _____

_____

und die Haarstruktur geschont wird.

Schaum-Dauerwelle

Dieses Präparat gibt es für alle Haarqualitäten. So wird es angewendet:

_____

_____

_____

_____

Dieses Präparat ist besonders für

_____

_____

geeignet. Eine ent-

quellende Zwischen-

behandlung soll

_____

_____

Thermo-gesteuerte Wellpräparate

„Das selbstregulierende Wärmesystem mit Aktivator garantiert bestmögliche Resultate – selbst bei schwächeren Haarstrukturen."

Diese Präparate enthalten weniger

_____,

darum wird die Wirkung durch _____

gesteigert, die durch Zugabe des

_____ entsteht.

Volumenwellpräparate

Sie werden für alle Haarqualitäten angeboten. Im Vergleich zu herkömmlichen mild-alkalischen Präparaten enthalten sie

_____

_____

9 Vorbehandlungsmittel bzw. **Vorbehandlungspräparate** sollten bei vorgeschädigtem Haar zusätzlich eingesetzt werden. Wie wirken Vorbehandlungspräparate?

a) Notieren Sie die veränderten Eigenschaften bei blondiertem und geschädigtem Haar.

Naturhaar, unbehandelt	Blondiertes, geschädigtes Haar
• normale Saugfähigkeit	• _____
• geschlossene Oberfläche	• _____
• neutrale Ladung	• _____

b) Vorbehandlungspräparate enthalten besondere, nämlich **kationische**, Pflegestoffe. Was versteht man unter „kationisch"?

_____

c) Was passiert, wenn Haare mit Vorbehandlungsmittel angefeuchtet werden? Zeichnen Sie die kationischen Pflegestoffe ein und beschreiben Sie deren Wirkung.

Naturhaar, unbehandelt	Blondiertes, geschädigtes Haar

Lernfeld 7 7.3 Arbeitsmittel, Wickeltechniken und Präparate auswählen

Planen

10 Welche Punkte sind bei Ihrer Arbeitsplanung für Frau Stolze (vgl. S. 31) zu berücksichtigen?

_____

_____

Entscheiden

11 Welche Arbeitsmittel könnten Sie auswählen? Nennen Sie mindestens zwei.

_____

12 Welche Wickeltechniken könnten Sie einsetzen? Nennen Sie mindestens drei.

_____

13 Welche Präparate könnten Sie anwenden? Nennen Sie mindestens fünf!

_____

_____

Ausführen

14 Welche Arbeitsmittel, Wickeltechnik und Präparate wählen Sie aus? Warum?

_____

_____

Kontrollieren

15 Vergleichen Sie Ihre Lösungen untereinander.

Tipp

Überprüfen Sie Ihre Lösung, indem Sie Ihre Arbeitsschritte an einer Haarsträhne durchführen. Wie ist das Ergebnis?

Bewerten

16 Formulieren Sie in Stichpunkten, welche Vor- und Nachteile Ihre Lösung im Vergleich zu den Ergebnissen der Mitschülerinnen hat.

_____

7.4 Eine dauerhafte Haarumformung durchführen

LF 7

Ihre Ausbilderin bittet Sie, die neue Praktikantin in den Ablauf einer dauerhaften Haarumformung einzuweisen: „Frau Millowitsch kommt heute zur dauerhaften Haarumformung. Da können Sie der Praktikantin gleich den Ablauf zeigen. Schreiben Sie die wichtigsten Punkte auf. Alles auf einmal kann die Praktikantin nicht behalten."

Informieren

1 Welche **Arbeitsschritte** der dauerhaften Haarumformung kennen Sie bereits?

_____

_____

2 Chemische Präparate für dauerhafte Haarumformungen sind bei unsachgemäßem Umgang gesundheits- und umweltgefährdend.
Suchen Sie fünf wichtige Regeln für den richtigen **Umgang mit Chemikalien** heraus.
Zeichnen Sie entsprechende Warnhinweise in die Schilder ein!

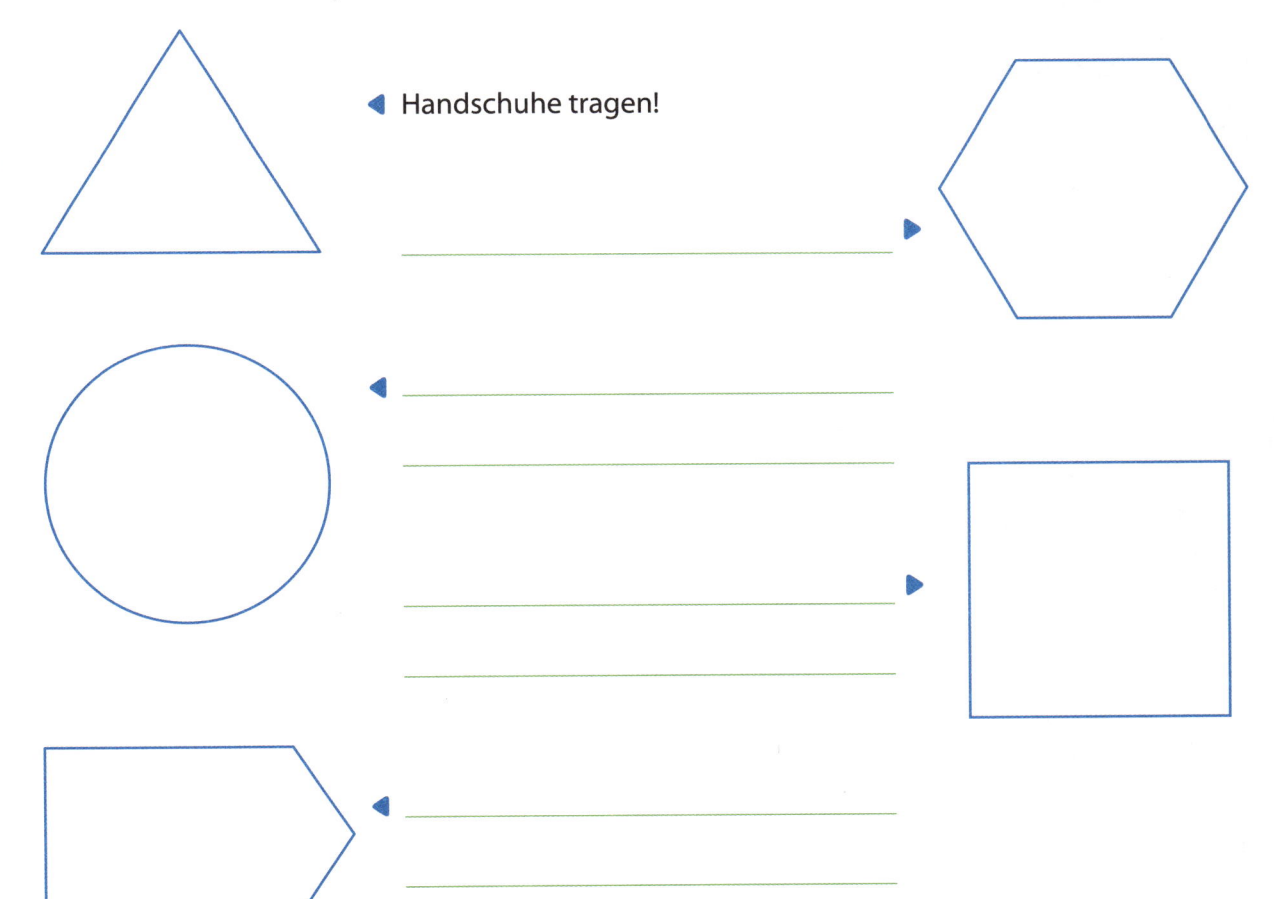

◀ Handschuhe tragen!

_____ ▶

◀ _____

_____ ▶

◀ _____

3 Welche **Kundengegebenheiten** müssen Sie vor einer dauerhaften Haarumformung ermitteln?

- _____ • _____
- _____ • _____
- _____

4 Welche **Entscheidungen** sind **vor Beginn** der Behandlung unter Berücksichtigung der Kundengegebenheiten zu treffen?

_____ ?   _____ ?

_____ ?   _____ ?

_____ ?

5 Welche Angaben finden Sie in der **Gebrauchsanweisung** eines Wellmittels? Notieren Sie.

6 Ein Wellmittel wird folgendermaßen **beworben**:

„Eine Zwischenbehandlung reduziert Haarschäden erheblich!"
Erklären Sie, wann eine Zwischenbehandlung eingesetzt wird und wie sie wirkt.

_____

_____

_____

7 Sie **bereiten** eine Kundin auf eine dauerhafte Haarumformung **vor**. Beantworten Sie folgende Fragen der Kundin:

Kundin: „Warum soll ich heute meinen Schmuck ablegen?"

Ihre Antwort: „_____

_____."

Kundin: „Warum massieren Sie mich heute bei der Haarwäsche nicht? Ich finde eine Kopfmassage sehr angenehm."

Ihre Antwort: „_____

_____."

Lernfeld 7   7.4 Eine dauerhafte Haarumformung durchführen

| Name | Klasse | Datum |

8 Vervollständigen Sie. Um ein **gleichmäßiges Wellergebnis** zu erzielen, …

… teilen Sie	• _____
	• _____
… kämmen Sie	• _____
… legen Sie	• _____
	• _____
… halten Sie	• _____
	• _____
… befestigen Sie	• _____
	• _____

9 Nehmen Sie immer einen **Probewickel**, damit Sie rechtzeitig erkennen, ob das ideale Wellergebnis schon erreicht ist.

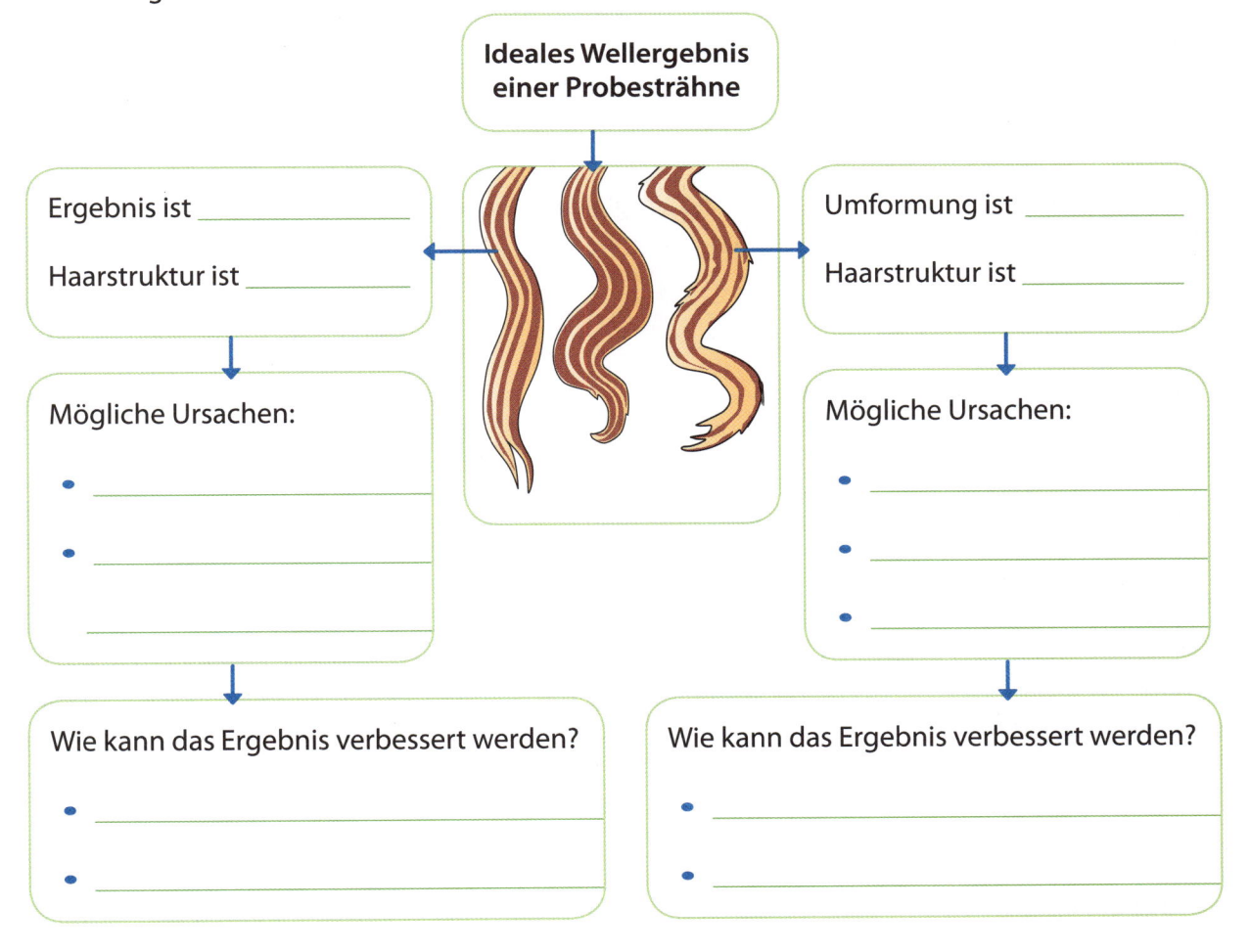

Ideales Wellergebnis einer Probesträhne

Ergebnis ist _____

Haarstruktur ist _____

Umformung ist _____

Haarstruktur ist _____

Mögliche Ursachen:
- _____
- _____

Mögliche Ursachen:
- _____
- _____
- _____

Wie kann das Ergebnis verbessert werden?
- _____
- _____

Wie kann das Ergebnis verbessert werden?
- _____
- _____

Lernfeld 7 7.4 Eine dauerhafte Haarumformung durchführen

10 Erklären Sie den Unterschied zwischen **Fixieren** und **Nachfixieren**.

Fixieren: _____
_____

Nachfixieren: _____
_____

Planen

11 Wie können Sie alle Arbeitsschritte und Hinweise übersichtlich für die Praktikantin notieren?

_____

Entscheiden

12 Welche Arbeitsschritte sind wichtig und sollten unbedingt notiert werden?

(a) _____
(b) _____
(c) _____
(d) _____
(e) _____
(f) _____
(g) _____
(h) _____
(i) _____
(j) _____
(k) _____
(l) _____
(m) _____

Ausführen

13 Stellen Sie alle wichtigen Arbeitsschritte auf einem Merkzettel (Extrablatt) übersichtlich zusammen. Notieren Sie auch, worauf bei jedem Arbeitsschritt besonders zu achten ist.

Kontrollieren

14 Vergleichen Sie Ihre Auflistung der Arbeitsschritte mit mindestens zwei Mitschülerinnen. Haben Sie etwas vergessen? Wenn ja, was?

_____

Bewerten

15 a) Wie wichtig ist der Arbeitsschritt und/oder der notwendige Hinweis, den Sie nicht notiert haben?

_____

b) Wie wäre das Ergebnis der dauerhaften Haarumformung ausgefallen, wenn dieser Arbeitsschritt und/oder dieser Hinweis nicht beachtet worden wäre?

_____

Name	Klasse	Datum

Komplexe Aufgabe: Eine dauerhafte Haarumformung bei mangelndem Ansatzvolumen ausführen

Frau Heller ist mit ihrer dauerhaften Haarumformung sehr zufrieden. Obwohl sie normales, fast feines Haar und aufgehellte Strähnen hat, ist die Umformung über drei Monate sprungkräftig geblieben.
„Ich habe meine Haare oft an der Luft getrocknet, so wie Sie es mir geraten haben", erzählt Frau Heller, „aber nun geht es wirklich nicht mehr. Meine Ansätze sind ganz glatt und die Dauerwelle sieht so nicht mehr schön aus."
Wie können Sie Frau Heller helfen?

Informieren

1 Welchen Kundenwunsch nennt Frau Heller?

2 Was wissen Sie über das Haar von Frau Heller?

3 a) Welches Ergebnis würden Sie erzielen, wenn Sie bei Frau Heller eine komplette, dauerhafte Haarumformung vornehmen und mit einer Wellflüssigkeit für normales Haar umformen würden? Beschreiben und erklären Sie.

b) Welches Ergebnis würden Sie erzielen, wenn Sie bei Frau Heller eine komplette, dauerhafte Haarumformung vornehmen und mit einer Wellflüssigkeit für strapaziertes und blondiertes Haar umformen würden? Beschreiben und erklären Sie.

4 Welche Präparate können Sie auswählen, um diese Strukturunterschiede zwischen Ansatz und Längen/Spitzen zu berücksichtigen? Nennen und erklären Sie **drei** Möglichkeiten!

5 Welche Wickeltechniken können Sie einsetzen? Beschreiben Sie **zwei** Techniken und begründen Sie, warum diese besonders geeignet sind.

Planen

6 Welche Vor- und Nachteile haben die **fünf Möglichkeiten**? Erstellen Sie dazu eine Tabelle.

Entscheiden

7 Welche Möglichkeit ist für Frau Heller am besten geeignet?

Ausführen

8 Beschreiben Sie stichwortartig die Arbeitsschritte, in denen Sie vorgehen werden.

Kontrollieren

9 Stellen Sie Ihre Lösung der Klasse vor. Diskutieren Sie die Vor- und Nachteile Ihres Lösungsvorschlags. Notieren Sie sich je einen Vorteil und einen Nachteil.

Bewerten

10 Bleiben Sie bei Ihrer Lösung oder gibt es eine bessere Alternative? Begründen Sie Ihre Entscheidung.

English – The history of the permanent wave

Before the permanent wave was invented, women had to use curling irons which were heated up over an open fire. After a long time of trying the German inventor Karl Nessler found a solution: he curled hair permanently by applying an alkaline lotion onto the hair, wound it around a metal roller and heated it up. The temperature in Nessler's perming machine (patented 1909) was so high that the hair was "cooked". The treatment was dangerous for hair and skin. Read the experiences of this client:

For a permanent wave you had to spend the whole day at the salon. And you had to pay for every curl separately. The hair was washed and cut. After that you had to wait for a long time. There were many women in the salon at the same time. Everyone was waiting. My hair was then wound up on spiral rods. It felt so tight that I thought I had tears in my eyes. After that the machine that looked like cooking pots hanging on strings was attached to the rods. The machine was very heavy and when it began to steam, tears rolled down my cheeks. A moment later someone brought a blower and cooled my head but my scalp was scalded and the hair was burned.

To be able to perm the short women`s hairstyles of the 1920`s, Josef Mayer developed a new technique of winding up the hair from the hair end to the scalp.
After the Second World War "cold waves" became more and more popular. No heat was needed to perm hair anymore, only chemicals.

1 Read the text. Are these statements true or false? Correct the false statements in a full sentence.

Before the permanent treatment was invented, women used electrical curling irons.

☐ true ☐ false correction: _____

_____

Karl Nessler curled hair permanently by applying alkaline lotion before he curled the hair with heat.

☐ true ☐ false correction: _____

The "cold waves" that became popular after the Second World War damaged hair and skin very much.

☐ true ☐ false correction: _____

2 Read the experiences of the client again and answer the questions in full sentences.

a) What did she say about the treatment? _____

_____

_____

b) What did she feel? _____

_____

8.1 Die Grundlagen der Farbenlehre kennenlernen

LF 8

Frau Schneider hat vor drei Tagen in Ihrem Salon blonde Strähnchen bekommen und war mit dem Ergebnis sehr zufrieden.
Heute steht sie ganz unglücklich wieder im Salon: „Warum sieht meine Haarfarbe hier bei Ihnen im Salon anders aus als bei mir zu Hause? Die Strähnen sehen bei mir im Badezimmer richtig gelb aus!"
Erklären Sie Frau Schneider die Ursache des „gelblichen" Haares und schlagen Sie eine Lösung vor.

Informieren

1 Was ist **Farbe**?
Setzen Sie folgende Begriffe in den Text ein:

> Farbstoffe • Strahlung • Rot • Orange • Gelb • absorbiert • Grün • Blau • Violett • reflektiert • Nervenzelle • Pigmente • Spektralfarben • Farbstoffe • reflektiert

Sonne sendet Strahlen in den Farben _____

aus, die als _____ bezeichnet werden. Unser Auge nimmt Farbe

wahr, wenn _____ auf die Netzhaut trifft und dort bestimmte

_____ gereizt werden. Gegenstände sehen wir, wenn Strahlung von einem

Gegenstand _____ wird und in unser Auge fällt. Gegenstände erscheinen

farbig, weil sie _____ enthalten, die Teile der Strahlung absorbieren. Trifft

Licht auf einen roten Gegenstand, wird rote Strahlung _____ , alle anderen

Farben werden _____ . Die unlöslichen Farbstoffe, die dem natürlichen

Haar seine Farbe geben, heißen _____ . Haarfarbenverändernde Präparate

enthalten lösliche, farbgebende Stoffe, die als _____ bezeichnet werden.

2 Vervollständigen Sie die folgenden Definitionen:

Additive Farben sind Farben, die _____ .

So entsteht weißes Licht oder Tageslicht durch Addition von _____ .

Subtraktive Farben sind Farben, die _____ .

Je mehr künstliche Haarfarben miteinander gemischt werden, desto _____ wird das Ergebnis.

❸ Welche **Spektralfarben** werden von den Haarfarben **absorbiert** – welche werden **reflektiert**?
Vervollständigen Sie die Zeichnung mit farbigen Stiften und füllen Sie die Tabelle aus.

Rot: _____	Schwarz: _____	Blau: _____	Grün: _____
_____	_____	_____	_____
_____	_____	_____	_____

❹ Die Farbwahrnehmung hängt von den Farbstoffen und von der **Lichtquelle** ab.

a) Wie wirken die Haarfarben aus Aufgabe 3 im Kerzenlicht (überwiegend gelb-orange-rote Strahlung)? Zeichnen Sie mit farbigen Stiften ein, wie das Haar im Kerzenlicht aussieht und füllen Sie die Tabelle aus.

b) Welche Ursache hat die veränderte Farbwirkung? Zeichnen Sie die Lichtstrahlen ein.

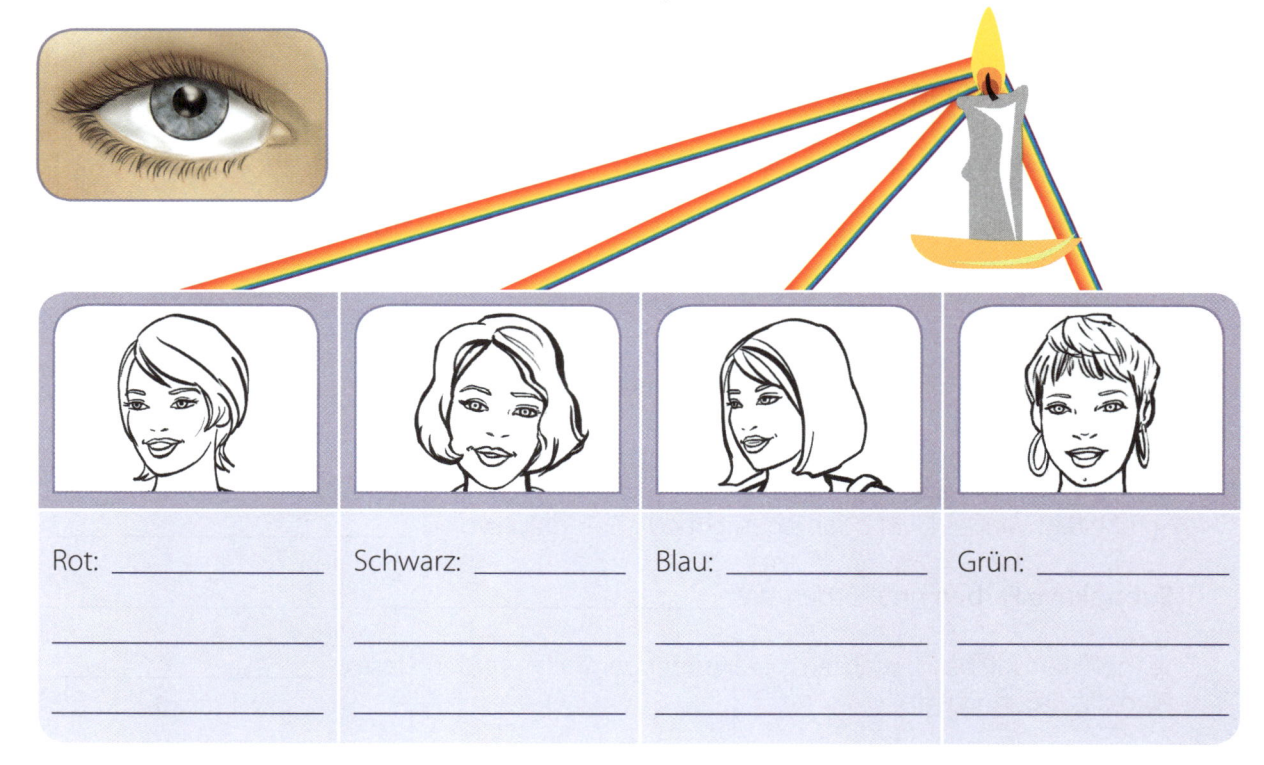

Rot: _____	Schwarz: _____	Blau: _____	Grün: _____
_____	_____	_____	_____
_____	_____	_____	_____

5 Welche **Beleuchtung** sollte in einem guten Friseursalon vorhanden sein? Warum?

_____

_____

_____

6 Farben sind Gemische aus den drei Grundfarben. Sie lassen sich in einem **Farbkreis** anordnen.

- Vervollständigen Sie die Aussagen zum Farbkreis.
- Nutzen Sie die Grundfarben, um alle Farben des 12-teiligen Farbkreises anzumischen.
- Benennen Sie alle Farben des äußeren 12-teiligen Farbkreises!

a Die drei **Grundfarben** _____ lassen sich nicht aus anderen Farben mischen.

b Die drei **Mischfarben 1. Ordnung** _____ lassen sich aus je zwei Grundfarben mischen.

c Gemeinsam bilden sie den **6-teiligen Farbkreis**.

d Durch Mischen der nebeneinanderliegenden Farben des 6-teiligen Farbkreises ergeben sich die sechs **Mischfarben 2. Ordnung**. Sie werden nach den Farben benannt, aus denen sie gemischt wurden. Blau gemischt mit Grün ergibt Blaugrün.

e Die Grundfarben, die Mischfarben 1. Ordnung und die Mischfarben 2. Ordnung ergeben den **12-teiligen Farbkreis**.

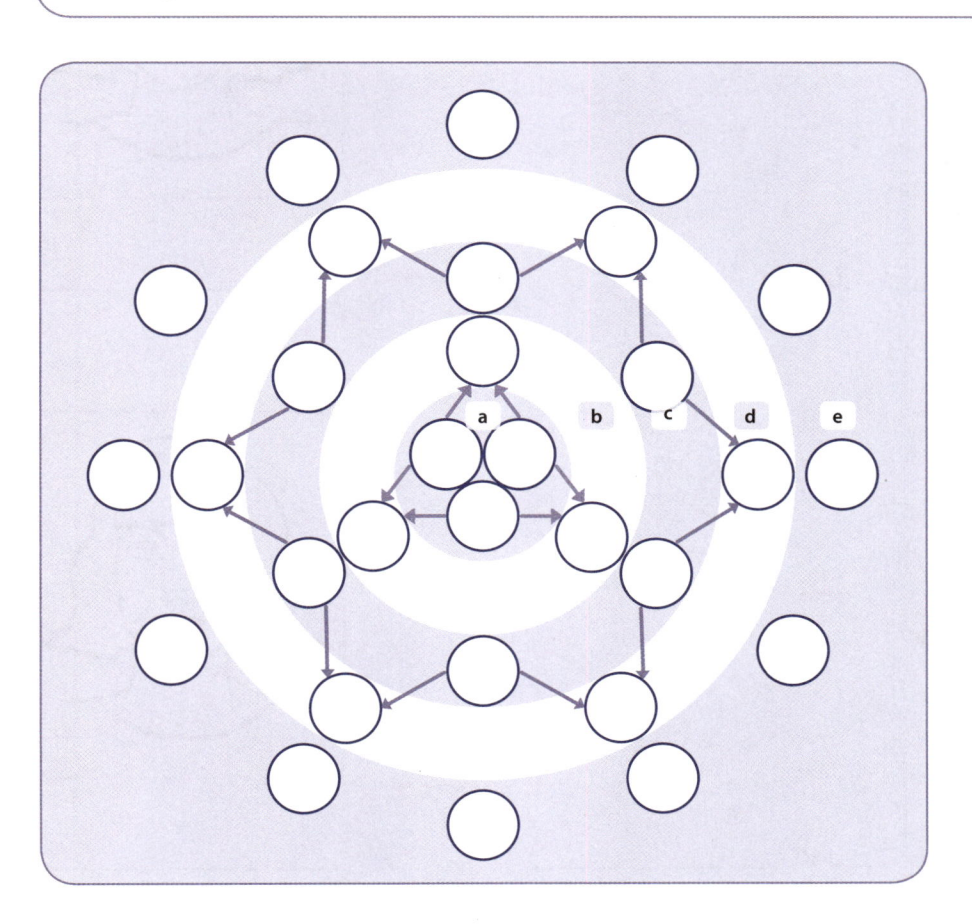

7 Durch Mischen bestimmter Farben kann die Farbwirkung gezielt beeinflusst und abgeschwächt werden. Farben, die sich im Farbkreis gegenüberliegen, werden als **Komplementärfarben** oder Gegenfarben bezeichnet.

Mischen Sie die Komplementärfarben aus dem 6-teiligen Farbkreis. Welche Farbe entsteht?

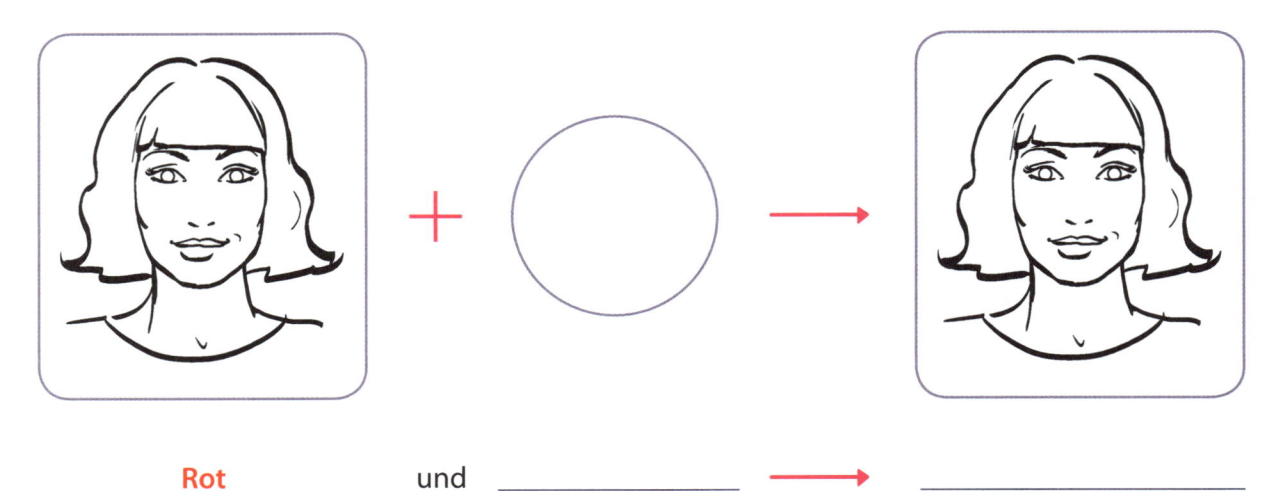

Rot und _____ → _____

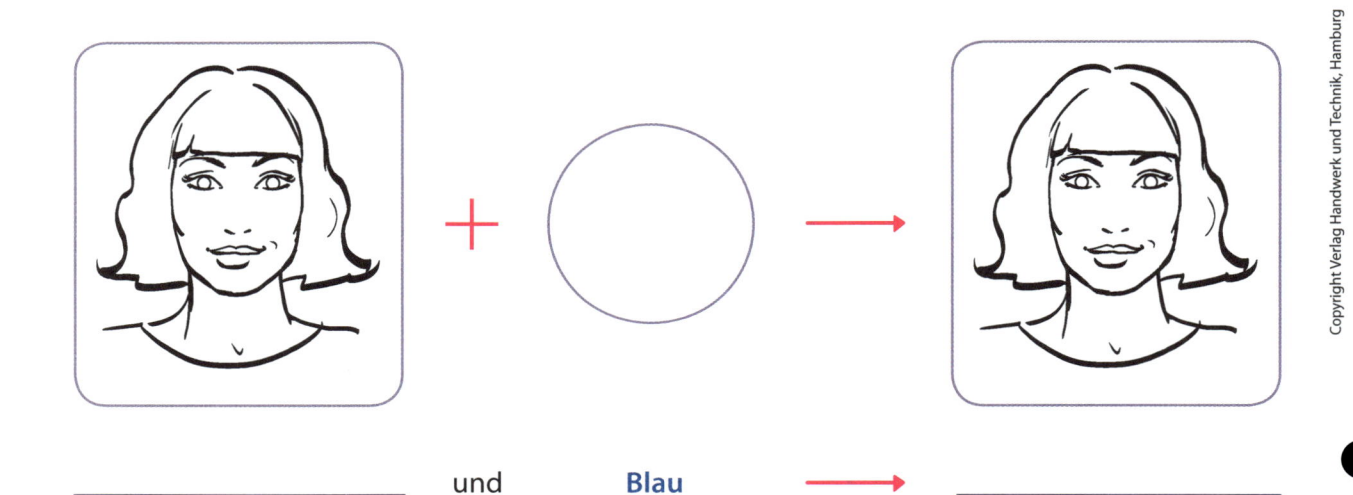

_____ und Blau → _____

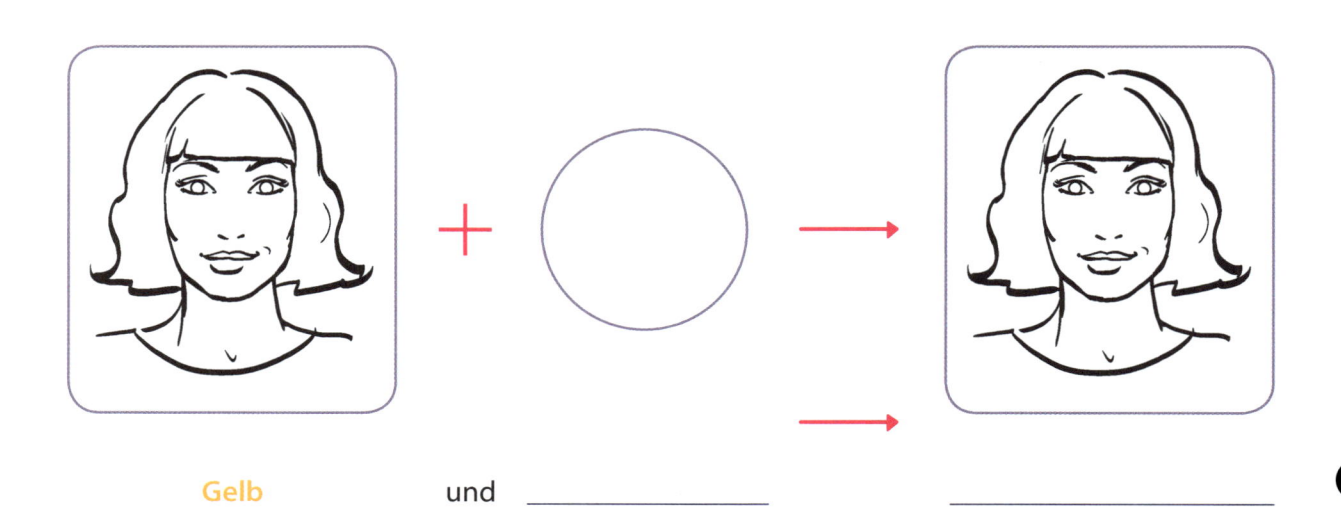

Gelb und _____ → _____

Lernfeld 8 8.1 Die Grundlagen der Farbenlehre kennenlernen

| Name | | Klasse | | Datum |

8 Mischen Sie die **Klarfarben** aus dem 6-teiligen Farbkreis je mit Weiß und Schwarz. Finden Sie eine Bezeichnung für die jeweils neu entstandene Farbe.

Mögliche Bezeichnung	Pastellfarben: Klarfarbe gemischt mit Weiß	Klarfarben: reine Farbe	Trübfarben: Klarfarbe gemischt mit Schwarz	Mögliche Bezeichnung

Lernfeld 8 — 8.1 Die Grundlagen der Farbenlehre kennenlernen

Planen

9 Welche Ursache kann die veränderte Farbwirkung der blonden Strähnen bei Frau Schneider (vgl. S. 45) haben?

_____

_____

_____

_____

Entscheiden

10 Wie schwächen Sie die gelbliche Farbwirkung der Strähnen ab?

_____

_____

_____

_____

_____

_____

Ausführen

11 Formulieren Sie ein Beratungsgespräch in Dialogform auf einem Extrablatt.

12 Beschreiben Sie genau, wie Sie den Gelbstich behandeln. Welches Präparat wählen Sie?

_____

_____

In welchen Schritten gehen Sie vor?

_____

_____

Kontrollieren

13 a) Notieren Sie sich in Tabellenform auf einem Extrablatt drei Aspekte, die Sie in der Beratung von Frau Schneider wichtig finden.

b) Tauschen Sie Ihre Lösungen zu Aufgabe 11 nacheinander mit zwei anderen Mitschülerinnen aus und notieren Sie in der Tabelle, ob und wie die Mitschülerinnen auf die wichtigen Aspekte eingegangen sind.

Beispiel

Wichtige Aspekte	1. …	2. …	3. …
Mitschülerin (Name) _____			
Mitschülerin (Name) _____			

Bewerten

14 Welche Aspekte fanden die Mitschülerinnen in Ihrer Beratung gelungen?

_____

15 Welche Aspekte sollten Sie zukünftig stärker berücksichtigen?

_____

8.2 Die natürliche Haarfarbe bestimmen

LF 8

Die Auszubildende Annabell hat ihre Haare auf dem gestrigen Modellabend von einer Kollegin im Farbton Aubergine tönen lassen. Sie ist ganz begeistert und möchte diese Tönung auch bei ihrer Freundin verwenden. Die Ausbilderin warnt: „Das Farbergebnis von Tönungsmitteln ist immer ein Gemisch aus den Farbstoffen der Tönung und der natürlichen Haarfarbe der Kundin. Bestimmen Sie erst die natürliche Haarfarbe Ihrer Freundin."

Informieren

1 Nennen Sie alle **natürlichen Haarfarben**, die Ihnen bekannt sind.

_____

_____

2 Nennen Sie fünf künstliche Haarfarben.

- _____   • _____
- _____   • _____
- _____

3 Die natürliche Haarfarbe entsteht im **Haarfollikel**.

a) Beschriften Sie die Zeichnung.

- _____
- _____
- _____
- _____
- _____
- _____
- _____
- _____

b) Ergänzen Sie den Text.

In der _____ befinden sich zwischen den _____ einige _____ , die den Farbstoff _____ herstellen. Der _____ wird an die umliegenden Zellen abgegeben und wandert mit diesen durch den Haarfollikel nach oben.

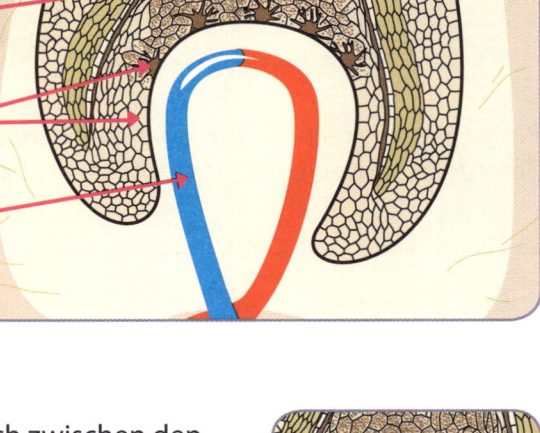

Entstehung der Pigmente

④ Betrachten Sie das Foto eines Haarquerschnitts genau.
Beschreiben Sie die **Verteilung der natürlichen Pigmente** im Haar.

_____

_____

_____

_____

⑤ Ergänzen Sie die fehlenden Begriffe.
Trotz der unendlichen Vielzahl natürlicher Haarfarben findet man im menschlichen Haar nur

zwei verschiedene Pigmentarten, die aus dem Farbstoff _____ gebildet werden:

Die graubraunen ⚫ Pigmente, genannt _____ , und

die rotgelben 🟠 Pigmente, genannt _____ .

⑥ Alle natürlichen Haarfarben entstehen aus **unterschiedlichen Mischungsverhältnissen** und unterschiedlichen **Mengen** der beiden Pigmentarten. Ordnen Sie folgende Begriffe zu.

> Phäomelanin • Eumelanin • rotgelbe Farbe • klein • graubraune Farbe • groß

• _____   • _____

• _____   • _____

• _____   • _____

⑦ Betrachten Sie rechts das Foto eines **menschlichen Haarquerschnitts**.
Beschreiben Sie, wo die Pigmente zu finden sind.

_____

_____

_____

_____

_____

Lernfeld 8   8.2 Die natürliche Haarfarbe bestimmen

| | Name | Klasse | Datum |

8 Natürliche Haarfarben lassen sich in **Farbtiefe** und **Farbrichtung** unterscheiden.

a) Suchen Sie je ein Beispielfoto für die vier Haarfarben und kleben Sie es ein.

b) Wie hoch sind die Anteile an Eumelanin und Phäomelanin in den unterschiedlichen Farbtiefen und Farbrichtungen? Zeichnen Sie diese ein und füllen Sie die Kästchen aus.

Farbrichtung – Zunahme an Phäomelanin →

Farbtiefe – Zunahme von Eumelanin und Phäomelanin ↓

	Asch	Natur/Matt	Gelb/Gold	Orange/Kupfer
	Beispielfoto:	Beispielfoto:	Beispielfoto:	Beispielfoto:
Hell-Lichtblond	Hell-Lichtblondasch enthält mehr Eumelanin als _____ .	Hell-Lichtblondnatur enthält etwa gleich viel _____ und _____ .		Hell-Lichtblond-kupfer enthält mehr _____ als _____ .
Lichtblond				
Hellblond				
Mittelblond				
Dunkelblond	Dunkelblondasch enthält mehr _____ als _____ .	Dunkelblond_____ enthält etwas mehr _____ als _____ .		Dunkelbraun_____ _____ enthält mehr _____ als _____ .
Hellbraun				
Mittelbraun				
Dunkelbraun	_____ _____ enthält mehr _____ als _____ .		Dunkelbraungold enthält mehr _____ als _____ .	
Schwarz				

Lernfeld 8   8.2 Die natürliche Haarfarbe bestimmen

9 Die natürliche Haarfarbe **verändert** sich mit zunehmendem Alter. Das Haar wirkt grau, weil es aus einem Gemisch aus weißen, unpigmentierten Haaren und pigmentierten Haaren besteht.

a) Warum sind einige Haare vollkommen pigmentlos? Erklären Sie den Vorgang.

_____

_____

b) 70 % **Weißanteil** bedeutet: Von 100 Haaren sind _____ weiß und _____ pigmentiert.

c) 10 % Weißanteil bedeutet: Von 100 Haaren sind _____ weiß und _____ pigmentiert.

Planen

10 Welche drei Punkte prüfen Sie, um die natürliche Haarfarbe genau benennen zu können?

- _____
- _____
- _____

11 Welche Hilfsmittel benötigen Sie für die Bestimmung der natürlichen Haarfarbe?

- _____
- _____
- _____

Entscheiden

12 Welche Bereiche des Kopfhaares berücksichtigen Sie bei der Bestimmung der natürlichen Haarfarbe? _____

_____

Ausführen

13 Bestimmen Sie die natürliche Haarfarbe einer Mitschülerin. Notieren Sie dafür jeden Arbeitsschritt auf einem Extrablatt. Finden Sie eine Überschrift und beginnen Sie dann mit:

1. *Folgende Materialien lege ich bereit: …*
2. *Für die Bestimmung der Haarfarbe wähle ich einen Platz mit Tageslicht aus, weil …*
3. *…*

Kontrollieren

14 Vergleichen Sie Ihre Lösungen untereinander. Haben Sie an alles gedacht?

Bewerten

15 Ergänzen Sie fehlende Arbeitsschritte in Ihrer Auflistung.

8.3 Einen passenden Farbton auswählen   LF 8

Frau Swart möchte ihre Haarfarbe verändern. Sie hat ihre natürliche Haarfarbe Dunkelblondgold, die im Sommer am Oberkopf immer etwas ausgeblichen wird, bisher noch nie farblich verändern lassen und wünscht sich daher zunächst Farbvorschläge von Ihnen. Welche Farbtöne schlagen Sie Frau Swart vor?

Informieren

1 Welche **Wirkung** kann eine neue Haarfarbe bei einer Kundin haben?

_____

2 Welche Auswirkung kann eine **falsch** ausgewählte Haarfarbe haben?

_____

3 Ergänzen Sie die fehlenden Begriffe im Lückentext.

> passive Farben • kalten Farben • Warme Farben • kalte • warme • warm • aktive Farben • kalt

_____ enthalten einen deutlichen Gelbanteil, während _____ das Gelb fehlt. Die meisten kalten Farben haben zusätzlich einen bläulichen Unterton. Blau wirkt kühl und frisch, daher werden diese Farben als _____ oder _____ bezeichnet. Farben, die Gelb enthalten, werden als warm und strahlend empfunden. Sie werden deshalb _____ oder _____ genannt. Farben lassen sich nicht immer eindeutig zuordnen. Ihre Wirkung hängt auch davon ab, welche Farben in ihrer Nähe vorhanden sind. So kann ein Türkis neben verschiedenen gelben Farben _____ wirken, zwischen blauen Farben aber _____ .

4 Suchen Sie aus Zeitschriften Beispiele für **warme** und **kalte** Farben heraus und kleben Sie diese ein. Finden Sie eine Bezeichnung für die Farben.

Warme Farben: ◯ ◯ ◯ ◯ ◯

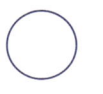

_____ _____ _____ _____ _____

Kalte Farben: ◯ ◯ ◯ ◯ ◯

_____ _____ _____ _____ _____

5 In Farbkarten für Tönungsmittel oder bei oxidativen Haarfarben sind die Farben von links nach rechts nach **Farbrichtung** sortiert. Welche Farbrichtungen zählen eindeutig zu den warmen, welche zu den kalten Farben? Geben Sie die Friseurbezeichnung und die allgemeine Bezeichnung an.

Tipp

Die Farbbezeichnungen haben Sie im Kapitel „Natürliche Haarfarben" kennengelernt.

Kalte Farben: Cendré (Blauviolett), _____

Warme Farben: _____

6 Durch Angabe der **Farbtiefe** und der **Farbrichtung** kann eine Haarfarbe genau bezeichnet werden. Neben den vollständigen Bezeichnungen werden auch Zahlen als Abkürzung verwendet. Für die Farbtiefe stehen Ziffern vor dem Schrägstrich oder Komma. Beginnend bei 2 (Schwarz), steigen die Zahlen schrittweise an. Die Farbrichtung wird von vielen Herstellern nach dem Schrägstrich oder Komma angegeben:

| Natur/0 | Asch/1 | Gold/3 | Rot/4 | Rotmahagoni/45 | Mahagoni/5 | Violett/6 | Braun/7 | Perl/8 |

a) Aus diesen Farbbezeichnungen lassen sich alle Farbrichtungen in Ziffern angeben. Erklären Sie die Abkürzung /45 für Rotmahagoni:

_____

b) Geben Sie folgende Haarfarben in der Zahlenschreibweise an:

Dunkelblondnatur _____   Dunkelbraunrot _____

Hellblondasch _____   Mittelblondgold _____

Mittelbraungold _____   Dunkelblondrotgold _____

c) Bestimmen Sie die Farbtiefe und die Farbrichtung für folgende Haarfarben. Bitte die vollständige Farbbezeichnung und die Zahlenschreibweise angeben.

Farbtiefe			
Farbrichtung			
Farbbezeichnung			

Lernfeld 8   8.3 Einen passenden Farbton auswählen

7 Ergänzen Sie die folgenden Übersichten. Kolorieren Sie in entsprechenden Farben. Informieren Sie sich ggf. im Internet über die vier Farbtypen.

hell-warm* (Frühlingstyp)

Erkennungsmerkmale

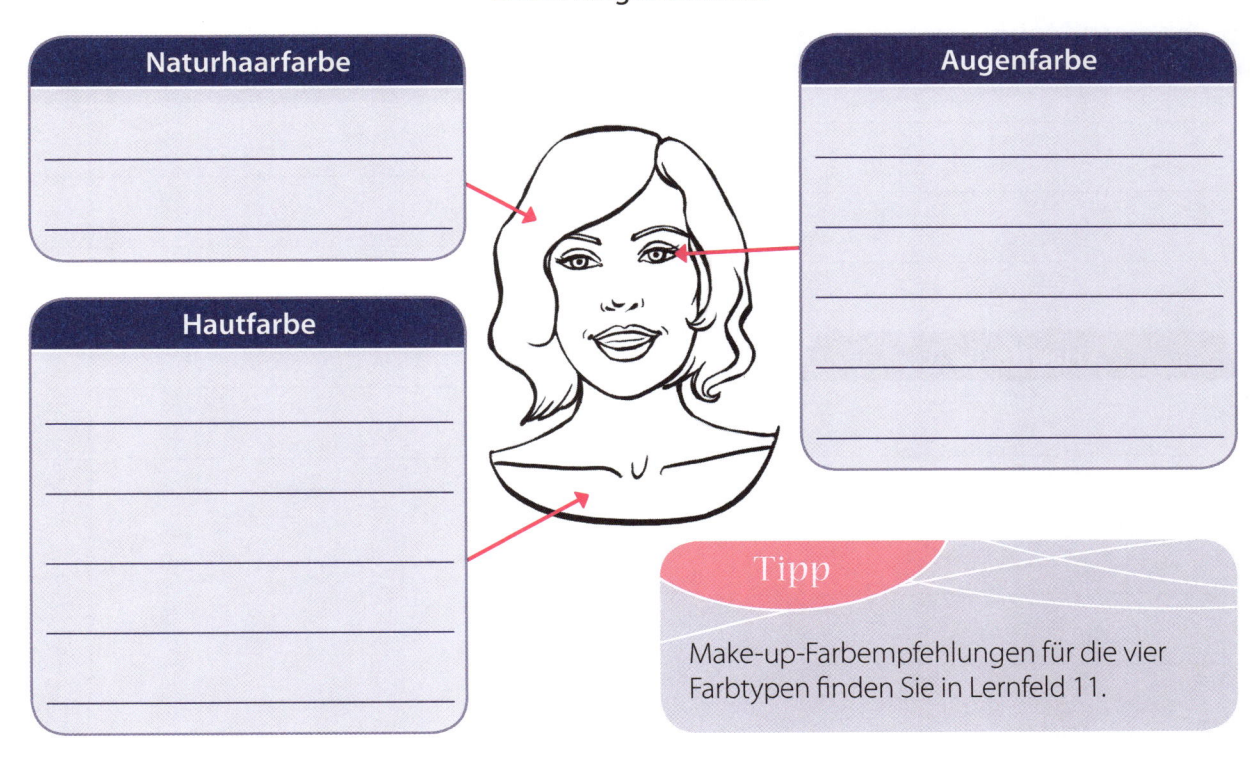

Naturhaarfarbe

Augenfarbe

Hautfarbe

Tipp

Make-up-Farbempfehlungen für die vier Farbtypen finden Sie in Lernfeld 11.

Farbempfehlung

Allgemeine Empfehlungen für die Haarfarbe

Kleben Sie drei Farbbeispiele aus Zeitschriften hier ein:

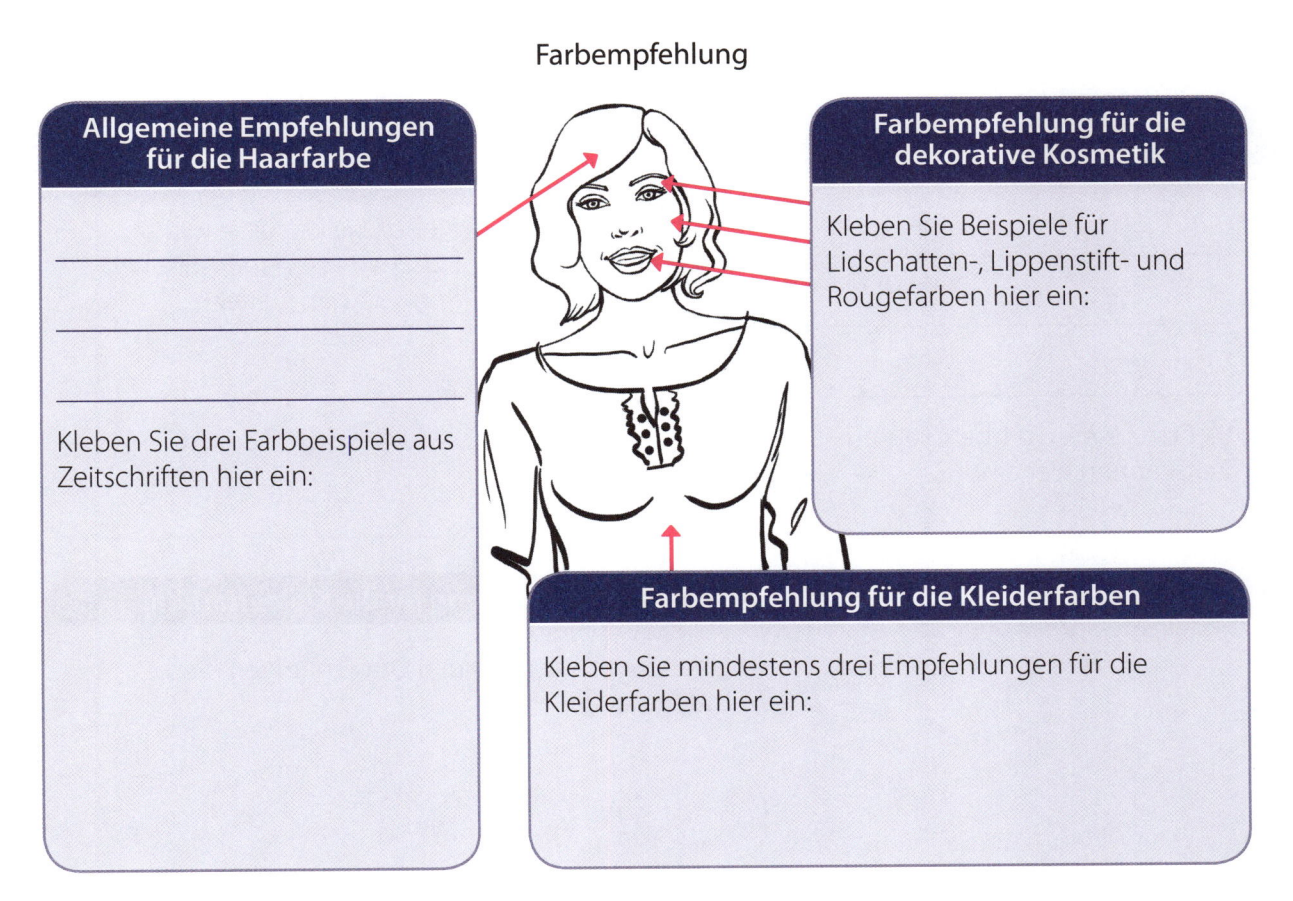

Farbempfehlung für die dekorative Kosmetik

Kleben Sie Beispiele für Lidschatten-, Lippenstift- und Rougefarben hier ein:

Farbempfehlung für die Kleiderfarben

Kleben Sie mindestens drei Empfehlungen für die Kleiderfarben hier ein:

*nach Beatrix Isabel Lied — Lernfeld 8 — 8.3 Einen passenden Farbton auswählen

hell-kalt* (Sommertyp)

Erkennungsmerkmale

Naturhaarfarbe

Augenfarbe

Hautfarbe

Farbempfehlung

Allgemeine Empfehlungen für die Haarfarbe

Kleben Sie drei Farbbeispiele aus Zeitschriften hier ein:

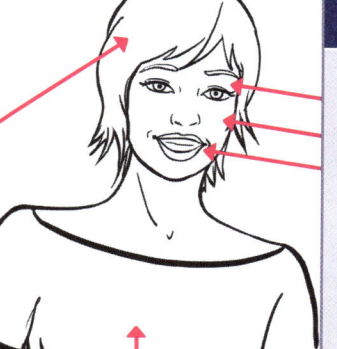

Farbempfehlung für die dekorative Kosmetik

Kleben Sie Beispiele für Lidschatten-, Lippenstift- und Rougefarben hier ein:

Farbempfehlung für die Kleiderfarben

Kleben Sie mindestens drei Empfehlungen für die Kleiderfarben hier ein:

*nach Beatrix Isabel Lied

| Name | Klasse | Datum |

dunkel-warm* (Herbsttyp)

Erkennungsmerkmale

Naturhaarfarbe

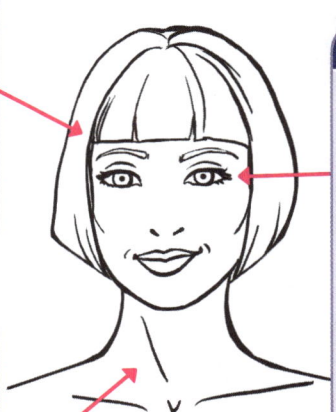

Augenfarbe

Hautfarbe

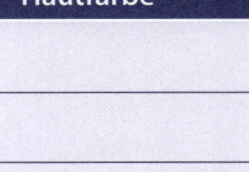

Farbempfehlung

Allgemeine Empfehlungen für die Haarfarbe

Kleben Sie drei Farbbeispiele aus Zeitschriften hier ein:

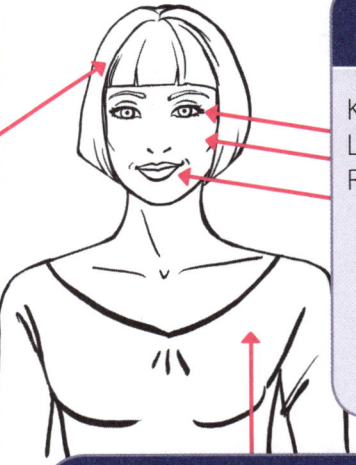

Farbempfehlung für die dekorative Kosmetik

Kleben Sie Beispiele für Lidschatten-, Lippenstift- und Rougefarben hier ein:

Farbempfehlung für die Kleiderfarben

Kleben Sie mindestens drei Empfehlungen für die Kleiderfarben hier ein:

*nach Beatrix Isabel Lied

Lernfeld 8   8.3 Einen passenden Farbton auswählen

dunkel-kalt* (Wintertyp)

Erkennungsmerkmale

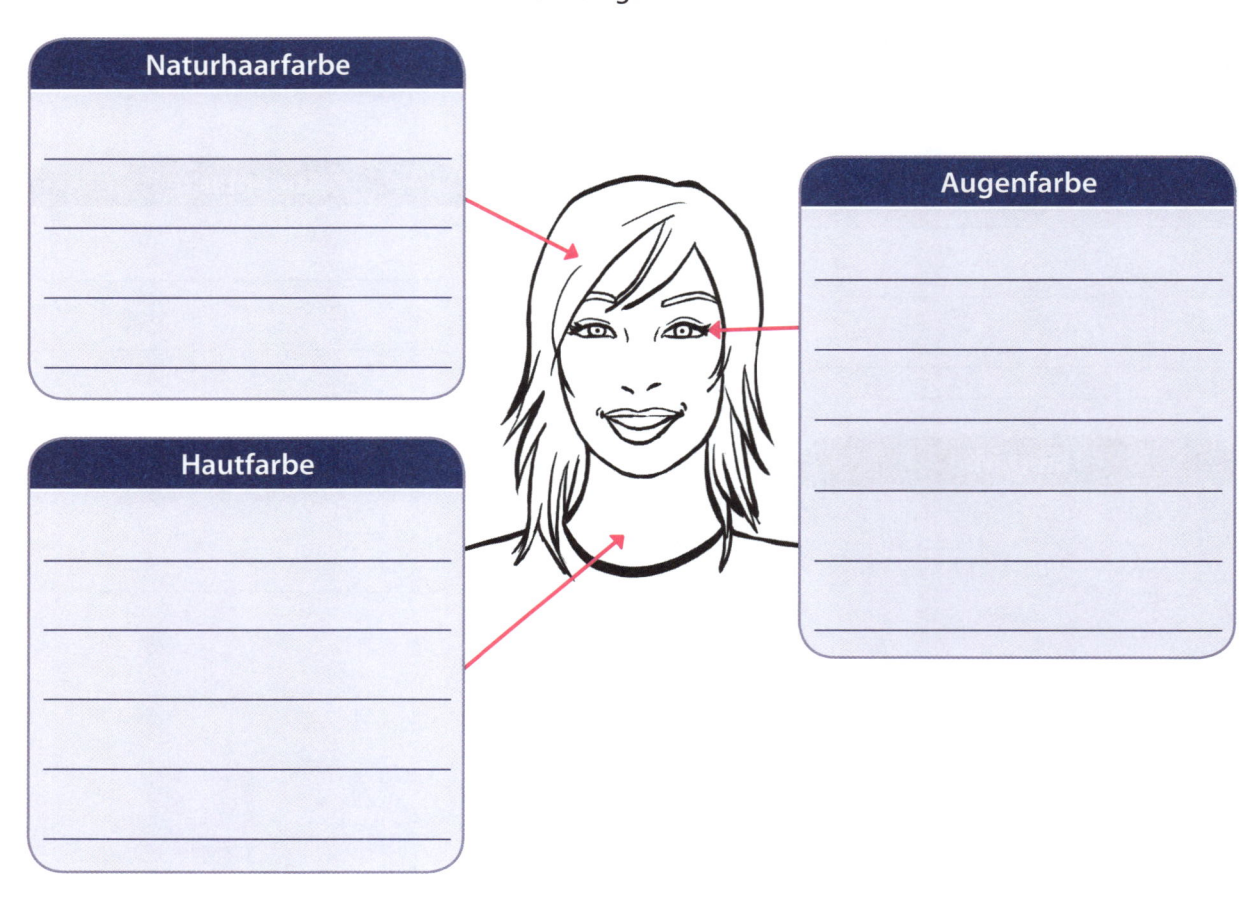

Naturhaarfarbe

Augenfarbe

Hautfarbe

Farbempfehlung

Allgemeine Empfehlungen für die Haarfarbe

Kleben Sie drei Farbbeispiele aus Zeitschriften hier ein:

Farbempfehlung für die dekorative Kosmetik

Kleben Sie Beispiele für Lidschatten-, Lippenstift- und Rougefarben hier ein:

Farbempfehlung für die Kleiderfarben

Kleben Sie mindestens drei Empfehlungen für die Kleiderfarben hier ein:

*nach Beatrix Isabel Lied

| Name | Klasse | Datum |

8 a) Lassen sich die folgenden Beispiele einem der vier Farbtypen zuordnen? Notieren Sie die entsprechenden Merkmale und leiten Sie daraus, wenn möglich, einen der vier Farbtypen ab.
b) Notieren Sie für jeden Typ jeweils zwei Haarfarbempfehlungen und zwei allgemeine Farbempfehlungen.
c) Umranden Sie alle Beispiele, die sich aufgrund ihrer Merkmale nicht eindeutig zuordnen lassen.

Arbeiten Sie mit einer Mitschülerin zusammen. Bestimmen Sie gegenseitig Ihren Farbtyp.

Name der Mitschülerin: _____

Merkmale	Merkmale	Merkmale	Merkmale
Naturhaarfarbe:	Naturhaarfarbe:	Naturhaarfarbe:	Naturhaarfarbe:
Augenbrauenfarbe:	Augenbrauenfarbe:	Augenbrauenfarbe:	Augenbrauenfarbe:
Augenfarbe:	Augenfarbe:	Augenfarbe:	Augenfarbe:
Hautfarbe:	Hautfarbe:	Hautfarbe:	Hautfarbe:
Farbtyp	**Farbtyp**	**Farbtyp**	**Farbtyp**
Empfehlungen Haarfarben (2)	**Empfehlungen** Haarfarben (2)	**Empfehlungen** Haarfarben (2)	**Empfehlungen** Haarfarben (2)
Farben allgemein (2)	Farben allgemein (2)	Farben allgemein (2)	Farben allgemein (2)

Lernfeld 8   8.3 Einen passenden Farbton auswählen

9 Viele Menschen lassen sich aufgrund ihrer individuellen Pigmentierung nicht eindeutig den vier Kategorien zuordnen. Es gibt andere Einteilungen, die eine präzisere Typbestimmung ermöglichen, wie die **9er-Typologie von Beatrix Isabel Lied** (www.beautyislife.de). Ergänzen Sie die folgende Übersichtstabelle, indem Sie die Merkmale der fehlenden Farbtypen zeichnen und beschreiben.

warm → kalt	Bei warmen Farbtypen sind Haare, Augenbrauen, Augen und Haut warm pigmentiert	Bei warm-kalten Farbtypen finden sich Merkmale vom warmen und kalten Farbtyp	Bei kalten Farbtypen sind Haare, Augenbrauen, Augen und Haut kalt pigmentiert
Heller Farbtyp (nach Beatrix Isabel Lied, BEAUTY IS LIFE)	**hell-warm** — Beispiel: _____	_____ Beispiel: helle, blaue Augen (kalt), goldblonde Haarfarbe (nicht so warm wie Rotblond)	_____ Beispiel: _____
Bei mittleren Farbtypen finden sich Merkmale vom hellen und dunklen Farbtyp oder Pigmentierungen in mittleren Farbtiefe	_____ Beispiel: helle, bernsteinfarbene Augen und rotbraune Haarfarbe	_____ Beispiel: _____	_____ Beispiel: graublaue Augen und dunkelblondaschige Haare
Dunkler Farbtyp	_____ Beispiel: _____	_____ Beispiel: _____	_____ Beispiel: _____

| Name | Klasse | Datum |

⑩ Der **warm-kalte Farbtyp** kann kalte und warme Farben tragen.

a) Suchen Sie aus folgenden warmen Farben diejenigen heraus, die im Vergleich zu den anderen kälter wirken und diesem Farbtyp zu empfehlen sind:

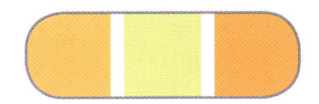

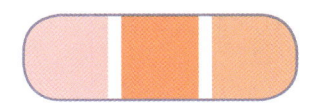

b) Suchen Sie aus folgenden warmen Farben diejenigen heraus, die im Vergleich zu den anderen wärmer wirken:

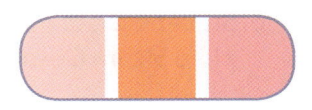

⑪ Lesen Sie nochmals die Aufgabe 8. Ordnen Sie nun alle Beispiele, die Sie nicht eindeutig bestimmen konnten, einem Farbtyp zu. Geben Sie auch Farbempfehlungen an.

⑫ Für eine **Farbempfehlung** sind weitere Punkte zu beachten.
Folgende Kundinnen sind mit ihrer Haarfarbe nicht zufrieden.

a) Notieren Sie, welche Aspekte bei der Auswahl der Farbtöne nicht berücksichtigt wurden.

b) Zeichnen Sie passende Haarfarben ein.

Unzufriedene Kundinnen

Nicht berücksichtigt wurde …

Empfehlungen für Haarfarben

Lernfeld 8 8.3 Einen passenden Farbton auswählen

63

Planen

13 a) Welche Gegebenheiten erfassen Sie in dem Beratungsgespräch mit Frau Swart (vgl. S. 55)?

> **Tipp**
> Finden Sie zusätzliche Punkte, die bisher nicht genannt sind!

_____

_____

b) Stellen Sie auf einem Extrablatt eine Liste zusammen, mit deren Hilfe Sie im Gespräch alle Informationen notieren können, z. B.:

> *Kundin: Frau Swart*
> - *Kundenwusch:*
> - *...*

Entscheiden

14 a) Welche Punkte können Sie durch das Betrachten der Kundin feststellen?

_____

b) Formulieren Sie Fragen, die Sie Frau Swart im Beratungsgespräch stellen.
c) Formulieren Sie Frau Swarts mögliche Antworten.

Frage der Friseurin	Antwort von Frau Swart
_____	_____
_____	_____
_____	_____
_____	_____

Ausführen

15 Tragen Sie alle Informationen, die Sie durch Ihre Fragen und durch Betrachten von Frau Swart (vgl. Foto S. 55) erhalten haben, auf Ihrem Extrablatt zusammen. Welche Farbtöne empfehlen Sie für Frau Swart? Warum? _____

_____

Kontrollieren

16 Stellen Sie sich Ihre Farbvorschläge gegenseitig mit Begründung vor. Fragen Sie bei Unklarheiten nach.

Bewerten

17 Wie zufrieden sind Sie mit Ihrer Farbauswahl? Welche Punkte müssen Sie zukünftig stärker berücksichtigen?

| Name | Klasse | Datum |

8.4 Haare mit direktziehenden Farbstoffen tönen

LF 8

Frau Johansson möchte sich verändern, ist aber sehr unentschlossen. Sie trägt ihre feinen, mittelblonden Haare etwa schulterlang. Die Länge der Haare soll beibehalten werden, daher schlagen Sie eine farbliche Veränderung vor. Frau Johansson zögert: „Ach, ich weiß nicht – und wenn mir die Farbe nicht gefällt? Ich habe auch nicht so viel Zeit." Beraten Sie Frau Johansson. Welche nicht dauerhafte Farbveränderung empfehlen Sie?

Informieren

❶ Welche **farbverändernden Präparate** gibt es in Ihrem Salon? Nennen Sie die genaue Bezeichnung der Präparate.

_____

_____

❷ Alle Präparate, die direkt aus der Verpackung auf das Haar gebracht werden, enthalten direktziehende Farbstoffe, die das Haar **nicht dauerhaft anfärben**. Alle anderen Präparate, die vor der Anwendung mit einem Entwickler vermischt werden, enthalten oxidative Farbstoffe, die das Haar dauerhaft anfärben.

a) Ordnen Sie die unten stehenden Präparate durch Pfeile in das entsprechende Regal ein.
b) Tragen Sie die Bezeichnungen der Ihnen bekannten Präparate aus Aufgabe 1 ebenfalls in das richtige Regal ein.

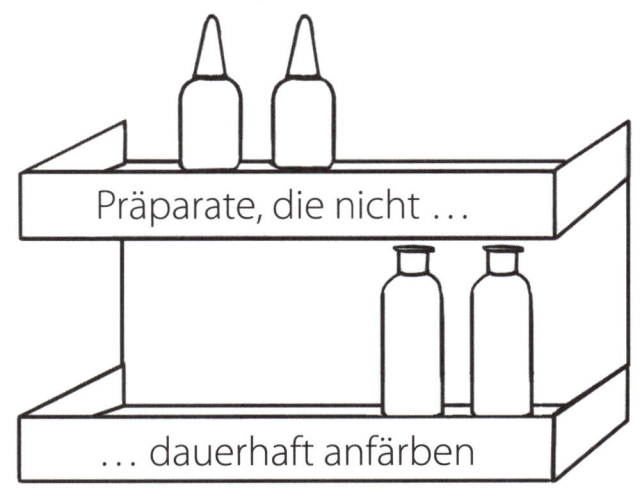

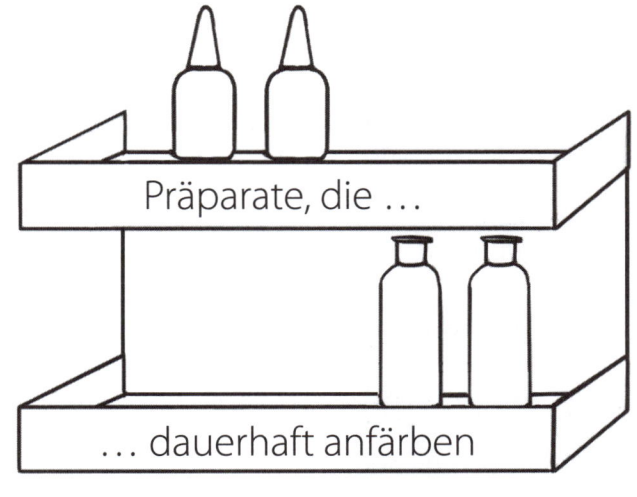

Präparate, die nicht … … dauerhaft anfärben

Präparate, die … … dauerhaft anfärben

3 Wie wirken Tönungsmittel auf unterschiedlichen **Ausgangshaarfarben**?

a) Behandeln Sie folgende Ausgangshaarfarben mit einer rötlichen Tönung. Färben Sie die abgebildeten Strähnen dazu mit einem kräftigen roten Farbstift an.

Dunkelbraun	Dunkelblond	Hellblond	Weißanteil 50%

b) Auf welcher Ausgangsfarbe wird das Ergebnis am kräftigsten?

_____

c) Auf welcher Ausgangsfarbe sieht man nur wenig Veränderung?

_____

d) Erklären Sie diesen Umstand.

_____
_____
_____
_____

4 Ergänzen Sie die fehlenden Begriffe im Text.

a) Tönungsmittel enthalten immer **direktziehende**

   Farbstoffe. Diese werden auch _____

   oder _____ genannt.

   Tönungsmittel enthalten je nach Farbton immer ein Gemisch aus verschiedenen direktziehenden Farbstoffen. Beispiele für diese Farbstoffgruppen sind

   positiv geladene _____

   und _____ .

b) Welche **Farbstoffe** sind in einer Tönung mit dem Farbton „Mittelbraunviolett" enthalten?
   Zeichnen Sie die Farbstoffe in die Flasche ein und beschriften Sie diese.

66 Lernfeld 8 8.4 Haare mit direktziehenden Farbstoffen tönen handwerk-technik.de

5 Wie werden Haare durch Tönungsmittel farblich verändert?

Zeichnen und beschreiben Sie den **Tönungsvorgang** an folgendem Beispiel: Hellblondes Haar wird mit einer Tönung mit dem Farbton „Mittelbraunviolett" behandelt. Berücksichtigen Sie dabei die unterschiedlichen Eigenschaften der Farbstoffe.

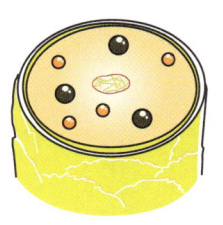

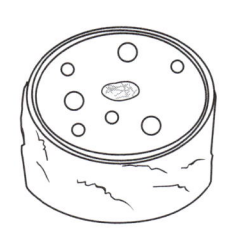

> **Tipp**
>
> Die in der Tönung enthaltenen Farbstoffe finden Sie in der vorigen Aufgabe.

_____
_____
_____
_____
_____
_____

6 Wählen Sie, den unten stehenden Kundenwünschen entsprechend, jeweils ein oder mehrere der folgenden **Tönungspräparate** aus. Begründen Sie Ihre Wahl.

a) Frau Essig wünscht eine Tönung, die möglichst **lange hält**.

_____
_____

b) Herr Stegemann beklagt sich über einen **Gelbstich** in seinem weißen Haar.

_____
_____

c) Frau Sauer möchte eine **semi-permanente** Tönung für Zuhause bei Ihnen kaufen.

_____
_____

d) Welche Tönungsmittel dürfen nach der Anwendung nicht ausgespült werden?

_____

7 Die Werbung für ein spezielles Tönungsmittel verspricht:

Hochleistungshaarfarbe ohne Oxidation

Nie gesehene Leuchtkraft   Dauerhaft wie eine Haarfarbe   Schonend wie eine Tönung

a) Kann ein Tönungsmittel diese Werbeversprechen halten?
   Erklären Sie, wie Tönungsmittel mit **anionischen Farbstoffen** wirken.

Nie gesehene Leuchtkraft wird erreicht durch _____

_____

_____

_____

Dauerhaft wie eine Haarfarbe wirken diese Tönungen, weil _____

_____

_____

Schonend wie eine Tönung wirken diese Präparate, weil _____

_____

b) Warum werden diese Tönungsmittel trotz hervorragender Farbeigenschaften nicht so häufig eingesetzt?

_____

_____

8 Besondere Farbeffekte für einen Abend erzielen **Farbsprays**.
Wie werden diese Präparate angewendet? Schreiben Sie eine kurze Gebrauchsanweisung.

- _____   - _____

- _____

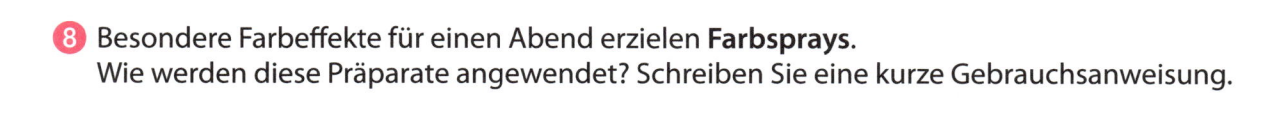

Vorsicht!

_____

_____

Lernfeld 8   8.4 Haare mit direktziehenden Farbstoffen tönen

Wie unterscheiden sich Tönung und Pflanzenfarbe in ihrer **Anwendung**? Vergleichen Sie die Anwendung.

9 Durchführung einer Farbveränderung mit **Tönungspräparaten**

a) Welche **Schutzmaßnahmen** sind notwendig?

Friseurin: _____

Kundin: _____

b) Weitere **Arbeitsmittel**: _____

_____

c) **Vorbereitung** der Haare: _____

d) Die **Auftragetechnik** richtet sich nach dem Tönungspräparat:

Flüssige Tönungen	Tonspülungen	Gel- und cremeförmige Tönungen
_____	_____	_____
_____	_____	oder
_____	_____	_____
_____	_____	_____
_____	_____	_____

Für alle Tönungspräparate gilt:

- _____

- _____

- _____

Einwirkzeit

e) Wie können Sie die **Farbintensität** erhöhen?

_____

Richten Sie sich bei der **Einwirkzeit** nach den Angaben in der Gebrauchsanweisung. Eine Überschreitung der Einwirkzeit ist aber nicht schädlich, weil _____

_____

f) Tönungen werden nicht mit Shampoo **ausgewaschen**, denn

- _____

- _____

Lernfeld 8   8.4 Haare mit direktziehenden Farbstoffen tönen

10 Durchführung einer Farbveränderung mit **Pflanzenfarben**
   a) Welche **Schutzmaßnahmen** sind notwendig?

   Friseurin: _____

   Kundin: _____

   b) Weitere **Arbeitsmittel**: _____

   _____

   _____

   c) **Vorbereitung** der Haare: _____

   d) Präparat nach Gebrauchsanweisung zubereiten. Meist wird es mit

   Wasser (_____ °C) in einer Schale zu einem dickflüssigen Brei gemischt. Aufgetragen wird in der **Schneckentechnik**. Wie geht man bei dieser Technik vor? Beschreiben Sie.

   _____

   _____

   _____

   Schneckentechnik

   Welchen Vorteil hat diese Auftragetechnik?

   _____

   _____

   Arbeitsmittel zur Herstellung des Pflanzenfarbbreis

   e) **Wärme** erhöht die **Farbintensität**. Wie können Sie diesen Effekt nutzen?

   _____

   _____

   _____

   Einwirkzeit: _____ Minuten bis zu _____ Minuten.

   Einwirkzeit, unter Plastikhaube

   f) Obwohl direktziehende Farbstoffe durch den Waschvorgang entfernt werden können, sollten Sie die Haare nach einer Pflanzenfärbung gründlich mit Shampoo waschen. Warum?

   _____

   _____

   Abspülen des Farbbreis

11 **Reine Pflanzenfarben** werden aus getrockneten und zerkleinerten Teilen verschiedener Pflanzen gewonnen. Für welche Farbtöne werden folgende Pflanzen eingesetzt?

Henna für _____

Kamille für _____

Walnuss für _____

Indigo für _____

Salbei für _____

12 Zwei Bekannte unterhalten sich über Pflanzenfarben. Ergänzen Sie die Aussagen. Nennen Sie dabei je fünf Vor- und Nachteile von Pflanzenfarben.

„Ich habe eine ganz tolle Haarfarbe für mich entdeckt, eine **Pflanzenfarbe**!

Ich bin total begeistert. _____

_____

_____

_____

_____

_____ "

„Ach, das habe ich auch ausprobiert. Pflanzenfarbe hat mir gar nicht gefallen.

_____

_____

_____

_____

_____ "

13 **Pflanzentönungen** sollen die Vorteile von Pflanzenfarben und die Vorteile von herkömmlichen Tönungen verbinden, darum enthalten sie zusätzlich zu den Pflanzenfarben

_____

_____

Lernfeld 8 8.4 Haare mit direktziehenden Farbstoffen tönen

Planen

14 Welche Anforderungen stellt Frau Johansson an die Farbbehandlung (vgl. S. 65)?

_____

_____

_____

Entscheiden

15 Welche nicht dauerhafte Farbveränderung empfehlen Sie der Kundin?

_____

_____

_____

Ausführen

16 Setzen Sie den Dialog mit Frau Johansson fort. Empfehlen Sie ihr eine nicht dauerhafte Farbveränderung.

Friseurin: „Ich schlage eine farbliche Veränderung vor."

Frau Johansson: „Ach, ich weiß nicht – und wenn mir die Farbe nicht gefällt? Ich habe auch nicht so viel Zeit."

Friseurin:
_____
_____
_____
_____

Kontrollieren

17 Suchen Sie Mitschülerinnen aus Ihrer Klasse, die andere Vorschläge für Frau Johansson haben.
Notieren Sie mindestens einen anderen Vorschlag und dessen Begründung.

Anderes Präparat: _____

_____

Begründung: _____

_____

Bewerten

18 Vergleichen Sie die Vorschläge und beantworten Sie eine der beiden Fragen.
 a) Bleiben Sie bei Ihrem eigenen Vorschlag? Begründen Sie.

_____

_____

 b) Ändern Sie Ihren Vorschlag? Begründen Sie.

_____

_____

Komplexe Aufgabe: Kundenberatung mit Tönung und Farbpflege durchführen

Frau Herbst hat sich anlässlich der Konfirmation ihrer Tochter ihre Haare in einem Kupferton tönen lassen.
Sie ist begeistert von dem Farbton und möchte ihn nun doch länger, über den geplanten Sommerurlaub hinaus, erhalten.
Führen Sie ein Beratungs- und Verkaufsgespräch mit Frau Herbst, in dem Sie Reinigungs- und Pflegepräparate anbieten.

Informieren

1. Welchen Kundenwunsch hat Frau Herbst?

2. Wie wirken Tönungen?

3. a) Welche Ursachen hat der normale Farbverlust?
   b) Welches besondere Problem erwarten Sie bei Frau Herbst?

4. Welche Reinigungs- und Pflegepräparate für getöntes Haar gibt es? Wie wirken sie?

Planen

5. Was ist in einem Beratungs- und Verkaufsgespräch zu beachten?

Tipp

Hinweise zum Verkauf von Präparaten können Sie in Lernfeld 3 nachlesen.

Entscheiden

6. Welche Präparate und Pflegetipps nennen Sie Frau Herbst? Warum?

Ausführen

7. Notieren Sie in Dialogform ein Beratungs- und Verkaufsgespräch mit Frau Herbst, in dem Sie Reinigungs- und Pflegepräparate anbieten.

Kontrollieren

8. Vergleichen Sie Ihr Beratungs- und Verkaufsgespräch mit dem einer Mitschülerin. Wer ist besser auf die speziellen Wünsche der Kundin eingegangen?
Begründen Sie Ihre Entscheidung.

Bewerten

9. Welches Ihrer eigenen Argumente finden Sie selbst am überzeugendsten? Warum?

10. Notieren Sie zwei Punkte, wie Sie Ihr Beratungs- und Verkaufsgespräch in Zukunft verbessern können.

English – Identify the colour type

1 Finish the sentences in the chart below. Use these phrases.

- rosy, sometimes with a violet undertone.
- dark or light with a yellowish golden shade.
- ginger or reddish.
- very light.
- light-coloured: blue, bluish green, grey-blue or green.
- dark brown or reddish.
- all shades of green, blue and turquoise.
- black or dark to medium ash brown.
- light ash blonde.
- green or brown and can have golden spots.
- light, has a golden yellow or peach tone.
- dark brown or intensely green.

2 What colours would you recommend?
Fill in the chart below.
You may use the colours twice!

silver • gold • light green •
dark blue • dark green •
copper • pink • ash blonde •
black • white • yellow •
dark brown • chestnut •
platinum blonde • peach •
violet • hazelnut • grey

light warm colour types

The natural hair colour is _____

The eyes are _____

The skin is _____

Recommendation: _____

light cool colour types

The natural hair colour is _____

The eyes are _____

The skin is _____

Recommendation: _____

dark warm colour types

The natural hair colour is may be _____

The eyes are _____

The skin can be _____

Recommendation: _____

dark cool colour types

The natural hair colour is _____

The eyes are _____

The skin may be _____

Recommendation: _____

9.1 Inhaltsstoffe und Wirkung von oxidativen Präparaten kennenlernen

LF 9

Esrah Özdemir war schon zweimal als Kundin bei Ihnen im Salon und hat sich kupferfarbige Strähnchen in ihr dunkles Haar färben lassen.
Heute kommt sie aufgeregt zu ihrem Termin:
„**Haarfärbeverbot unter 16 Jahren** – habe ich in der Zeitung gelesen. Warum ist denn Haarefärben verboten? Kann ich jetzt keine Strähnchen mehr bekommen, bis ich im Sommer 16 werde?"
Nennen Sie Ihrer Kundin mögliche Gründe für diese Verordnung und machen Sie einen Behandlungsvorschlag.

Informieren

1 Womit können Sie Haare **dauerhaft** farblich verändern? Nennen Sie alle Präparate, die in Ihrem Ausbildungssalon verwendet werden.

_____
_____
_____
_____

2 Welche Unterschiede zwischen **Tönungs-** und **Haarfärbemitteln** kennen Sie bereits aus Ihrem beruflichen Alltag? Ergänzen Sie die Tabelle durch Einsetzen folgender Begriffe:

stärker (3x) • geringer (2x) • keine (2x) • möglich (1x)

Haarfärbung	Eigenschaft	Direktziehende Tönung
_____	Haltbarkeit	_____
_____	Deckkraft	_____
_____	Schädigung des Haares	_____
_____	Aufhellung	_____

Tipp In Lernfeld 8 des Arbeitsheftes finden Sie eine Übersicht über die verschiedenen farbverändernden Präparate.

3 Um Haare aufzuhellen, müssen natürliche und/oder künstliche Pigmente im Haar abgebaut werden. Ergänzen und beschriften Sie die folgende Zeichnung des **Blondiervorgangs** eines ungefärbten Haares.

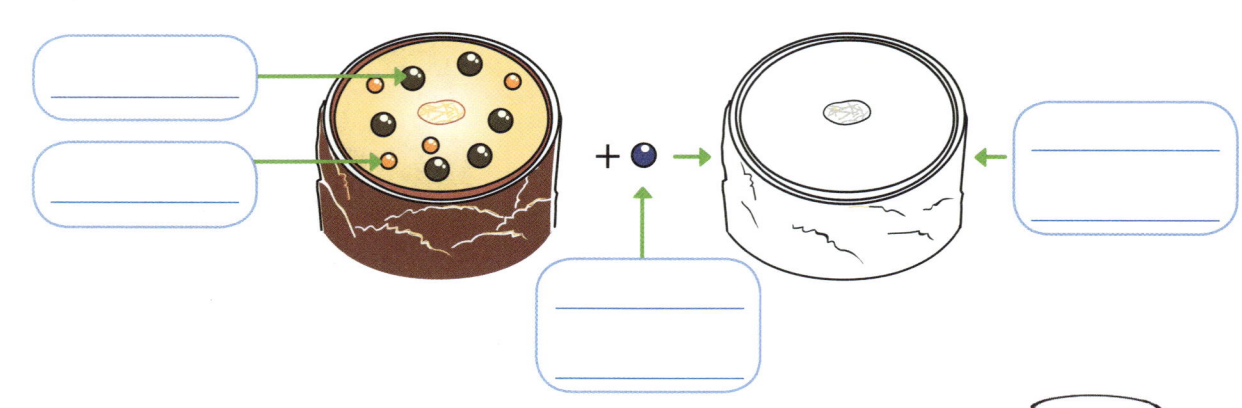

4 Gebrauchsfertiger **Blondierbrei** wird meist aus Wasserstoffperoxid und Blondiergranulat angemischt.

a) Welche Inhaltsstoffe des Blondierbreis stammen aus dem H_2O_2, welche aus dem Blondierpulver? Ordnen Sie zu.

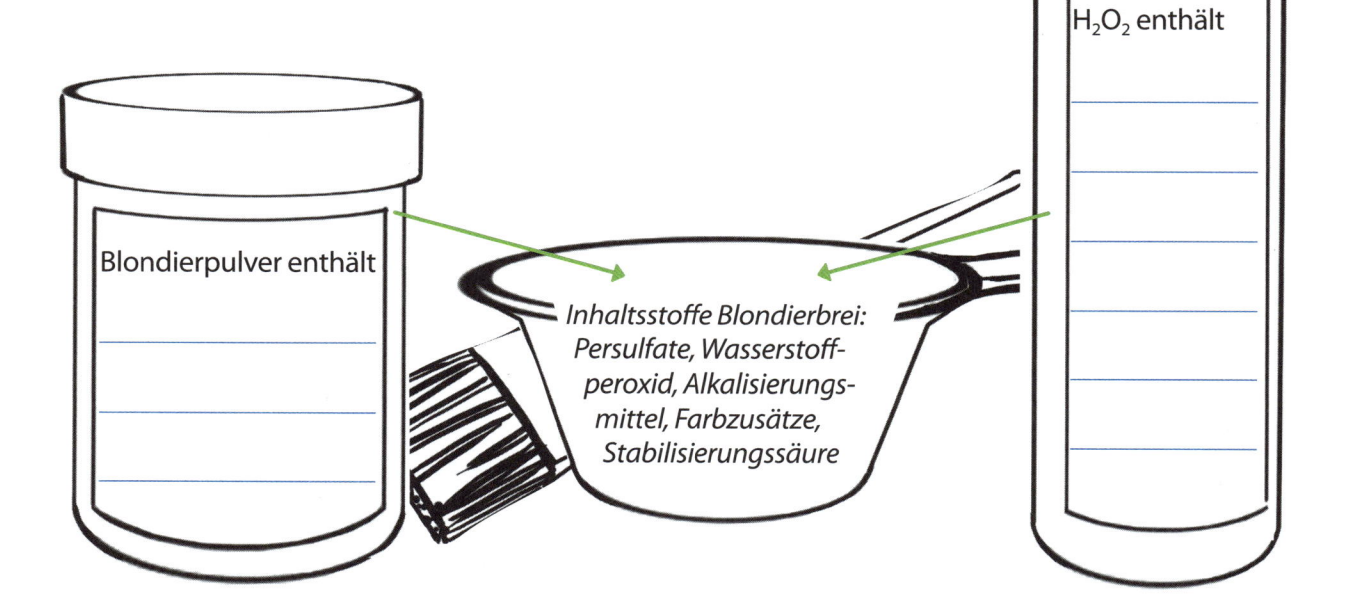

Blondierpulver enthält

H_2O_2 enthält

Inhaltsstoffe Blondierbrei: Persulfate, Wasserstoffperoxid, Alkalisierungsmittel, Farbzusätze, Stabilisierungssäure

b) Geben Sie die Wirkung der Inhaltsstoffe an.

Persulfate: _____

Alkalisierungsmittel: _____

Farbzusätze: _____

Wasserstoffperoxid (= H_2O_2): _____

Stabilisierungssäure: _____

Lernfeld 9   9.1 Inhaltsstoffe und Wirkung von oxidativen Präparaten kennenlernen

5 Ergänzen Sie den Lückentext.

Wasserstoffperoxid liefert als Oxidationsmittel den zum **Pigmentabbau** notwendigen

_____ Sauerstoff. Wasserstoffperoxid besteht chemisch betrachtet aus _____

_____ , die ein zusätzliches _____ tragen. Diese Teilchen sind

nicht stabil, sondern zerfallen leicht in _____ und _____ .

Damit Wasserstoffperoxid nicht in der Flasche zerfällt, wird eine _____

zugesetzt. Um den aktiven Sauerstoff für den Blondier- oder Färbevorgang freizusetzen,

wird die Stabilisierungssäure durch das _____ neutralisiert, sie

verliert ihre Wirkung.

6 Sie finden ganz hinten in der Mixecke eine halb volle Flasche 9%iges Wasserstoffperoxid. Die Flasche scheint **aufgebläht** zu sein und beim Öffnen entweicht zischend ein Gas.

a) Was ist in der Flasche passiert? _____

_____

b) Welche Fehler sind im Umgang mit dieser Flasche gemacht worden? _____

_____

7 Warum blondiert die Friseurin nicht ausschließlich mit Wasserstoffperoxid?

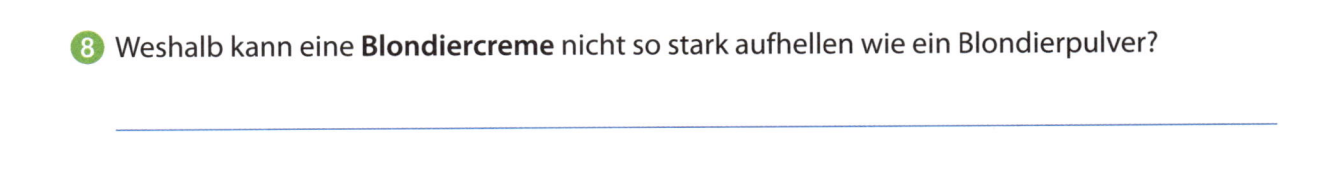

_____

_____

8 Weshalb kann eine **Blondiercreme** nicht so stark aufhellen wie ein Blondierpulver?

_____

_____

9 Hersteller bieten auch **Kombinationen** aus Blondiercremes und Pulvern an, die vor der Anwendung mit Wasserstoffperoxid gemischt werden.
Wie werden diese Präparate eingesetzt?

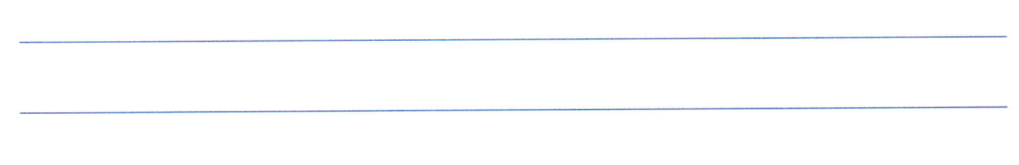

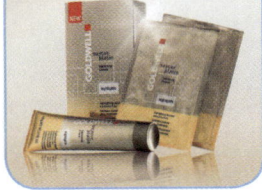

_____

_____

10 Um Haare dunkler zu färben, müssen zusätzliche Farbstoffe in das Haar hineingebracht werden.
   a) Für eine **oxidative Färbung** wird Oxidationsmittel (H_2O_2) und Farbcreme benötigt.
      Ergänzen und beschriften Sie die **Bildung von oxidativen Farbstoffen** im Haar.

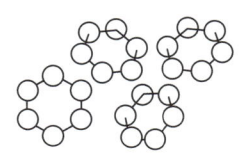

   _____ + _____ → _____

   b) Fast alle oxidativen Farbcremes enthalten zusätzlich **direktziehende Farbstoffe**, da nicht für alle gewünschten Farben oxidative Farbstoffe vorhanden sind.
      Stellen Sie in Stichworten dar, wie direktziehende Farbstoffe Haare anfärben.

   > **Tipp**
   >
   > Ausführliche Informationen dazu finden Sie in Lernfeld 8.

11 Oxidative Farbveränderungen sind **viel haltbarer** als Farbveränderungen mit Direktziehern.
   Erklären Sie diese Tatsache mithilfe folgender Fachbegriffe:

   > Farbbildner • Faserschicht • aktiver Sauerstoff • Farbstoffe • Käfigeffekt • oxidiert

| Name | Klasse | Datum |

12 Welche jeweilige **Wirkung** haben die **Inhaltsstoffe** einer Farbcreme?
a) Ordnen Sie die richtigen Lösungen durch Pfeile zu.
b) Welche der vorgegebenen Wirkungen können Sie keinem Inhaltsstoff zuordnen? Notieren Sie die Wirkungen in den unteren Kästchen und ergänzen Sie fehlende Begriffe.

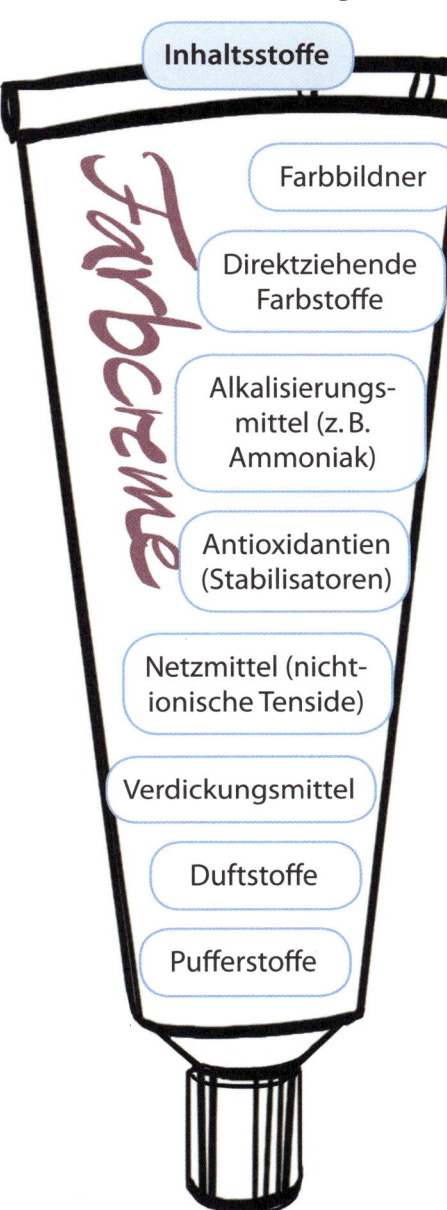

Inhaltsstoffe
- Farbbildner
- Direktziehende Farbstoffe
- Alkalisierungsmittel (z. B. Ammoniak)
- Antioxidantien (Stabilisatoren)
- Netzmittel (nicht-ionische Tenside)
- Verdickungsmittel
- Duftstoffe
- Pufferstoffe

Wirkung
- liefert den aktiven Sauerstoff zum Abbau von Pigmenten sowie Farbstoffen und verbindet die farblosen Farbbildner zu farbigen Farbstoffen
- sind farbige Pigmente, die direkt in und an das Haar gelagert werden
- quellen das Haar, damit die Farbbildner, die direktziehenden Farbstoffe und der aktive Sauerstoff bis in die Faserschicht eindringen können, pH 9-10
- werden durch Oxidation zu farbigen künstlichen Pigmenten verkettet
- fördern das Eindringen des Farbbreis in das Haar und ermöglichen ein gleichmäßiges Auftragen
- verhindert das vorzeitige Abspalten des aktiven Sauerstoffs
- verhindern eine vorzeitige Oxidation der Farbbildner
- halten den pH-Wert während der Einwirkzeit konstant
- verhindert das Ablaufen des Farbbreis vom Haar
- mindern den unangenehmen Geruch des Ammoniaks

Präparat: _____

Wirkstoff: _____   Wirkung: _____

Wirkstoff: _____   Wirkung: _____

Lernfeld 9   9.1 Inhaltsstoffe und Wirkung von oxidativen Präparaten kennenlernen

13 Beschreiben Sie schrittweise und anhand der Abbildungen die Vorgänge, die bei einer oxidativen Färbung eines **Naturhaares** ablaufen.

	Das ungefärbte Haar enthält …
	Nach dem Mischen von H_2O_2 und Farbcreme …
	Das Haar wird …
	In der Faserschicht …
	Zur Aufhellung und zum Farbausgleich …
	Das oxidativ gefärbte Haar …

Name	Klasse	Datum

14 Lesen Sie die Werbeaussagen für eine **Intensivtönung** und bearbeiten Sie die Aufgaben.

> Sie unterstreichen Ihren Typ und Ihre Ausstrahlung. Das Schöne: Sie müssen sich nicht einmal dauerhaft auf eine Farbe festlegen. Aufgrund seiner professionellen Rezeptur verleiht Color Touch dem Haar noch intensivere Farbbrillanz. Die in Color Touch enthaltenen Glanz-Reflex-Pigmente können sich dadurch sichtbar gleichmäßiger am Haar anlagern. Das Ergebnis: lebendige Farbtöne und eine Deckkraft von bis zu 50 %.
> Anwendung: Color Touch immer mit Color Touch Emulsion 1,9 % oder Color Touch Intensiv-Emulsion 4 % mischen.

a) Warum werden „schwache" oxidative Haarfarben als Intensiv**tönungen** verkauft, obwohl es im chemischen Sinne keine Tönungen sind? _____

b) Sie wissen sofort, dass es sich um eine oxidative Haarfarbe handelt. Warum?

c) Welche Vorteile hat eine Intensivtönung gegenüber einer reinen Tönung? _____

d) Warum ist eine Intensivtönung im Gegensatz zur reinen Tönung nicht auswaschbar?

15 Wo finden Sie die rechtlichen Vorschriften für farbverändernde Präparate?

16 Für oxidative Haarfärbemittel legt die **Kosmetik-Verordnung** und die EU-Kosmetik-Verordnung Folgendes fest:

> ⚠️ *Haarfärbemittel können schwere allergische Reaktionen hervorrufen. Bitte folgende Hinweise lesen und beachten: Dieses Produkt ist nicht für Personen unter 16 Jahren bestimmt.*

a) Welche Stoffgruppe ist nur in oxidativen Haarfärbemitteln, nicht aber in Blondierungen oder reinen Tönungen enthalten? _____

b) Warum löst diese Stoffgruppe bei vielen Menschen eine Allergie aus?

Planen

17 Welche Möglichkeiten haben Sie, bei dunklem Naturhaar hellere Strähnen zu machen?

_____

Entscheiden

18 Welche Möglichkeit schlagen Sie der 15-jährigen Ezrah Özdemir (vgl. S. 75) vor?

_____
_____
_____

Ausführen

19 Beantworten Sie die Fragen der Kundin in wörtlicher Rede.

> _„Haarfärbeverbot unter 16 Jahren_ – habe ich in der Zeitung gelesen. Warum ist denn Haarefärben verboten?"

_____
_____
_____

> „Kann ich jetzt keine Strähnchen mehr bekommen, bis ich im Sommer 16 werde?"

_____
_____
_____
_____
_____

Kontrollieren

20 Versetzen Sie sich in die Rolle der Kundin und lassen Sie sich von den Mitschülerinnen weitere Antworten vorlesen. Notieren Sie sich auf einem Extrablatt Beispiele, die Sie gelungen finden.

Bewerten

21 Zu welcher Friseurin wird die Kundin Frau Özdemir zukünftig gehen? Warum?

_____
_____

9.2 Farbtöne und Auftragetechniken auswählen

Frau Schmidt hat seit zwei Wochen einen neuen Kurzhaarschnitt. Nun hat sie einen weiteren Termin im Salon: „Der Schnitt ist super. Aber ich möchte jetzt doch etwas Farbe, wie Sie es mir geraten haben, so ist mir der Haarschnitt fast zu langweilig. Vielleicht mehrere Farben? Was raten Sie mir?" Beraten Sie Frau Schmidt. Welche Farben können Sie empfehlen? Wie können Sie in verschiedenen Farben färben?

Informieren

1 Welche **Gründe** nennen Kundinnen, die eine haltbare Farbveränderung wünschen?

_____

2 Welchen Grund nennt Frau Schmidt?

_____

3 Was **beachten** Sie bei einer Kundin, bevor Sie einen oder mehrere Farbtöne empfehlen?

_____
_____

> **Tipp**
>
> Sehen Sie zur Erinnerung in Lernfeld 8 nach.

4 Warum ist es bei oxidativen Farbveränderungen so wichtig, die „richtige" Farbempfehlung für die Kundin zu geben?

_____

5 Erklären Sie, warum bei **oxidativen Farbveränderungen** viel **mehr Farben** zur Auswahl stehen als bei den Tönungsmitteln.

_____
_____
_____
_____
_____
_____
_____

6 Der Zentralverband des Deutschen Friseurhandwerks, aber auch viele Herstellerfirmen benennen jedes Jahr mindestens zweimal die neuen Frisurentrends.

a) Neue Trends kommen häufig von der Straße. Welche neuen Frisurentrends sind Ihnen bei sich oder Ihren Freundinnen aufgefallen?

_____

_____

b) Informieren Sie sich über die aktuellen Trends dieses Jahres. Welche Bezeichnungen für die Trends können Sie finden? Notieren Sie drei Trends.

- _____
- _____
- _____

c) Welche Farben und Farbkombinationen würden Sie zu folgenden Trendthemen anbieten? Suchen Sie aus Zeitschriften Beispiele für Frisuren, Haarfarben, Kleidung sowie Make-up und kleben Sie diese ein.

Harmony

Dark cool effects

7 **Farben** können unterschiedlich miteinander **kombiniert** werden.
Werden Farben der gleichen Farbtiefe, aber unterschiedlicher Farbrichtungen oder Farben gleicher Farbrichtung, aber unterschiedlicher Farbtiefe nebeneinander gefärbt, spricht man

von _____ .

Wenn Gegensätzliches aufeinander trifft, spricht man von _____ .

8 Zeichnen Sie mit farbigen Stiften jeweils zwei verschiedene Beispiele für Färbungen in den angegebenen **Farbkombinationen** ein:

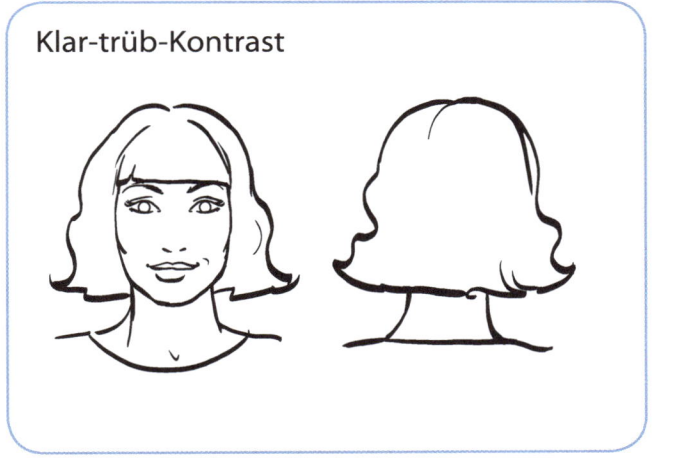

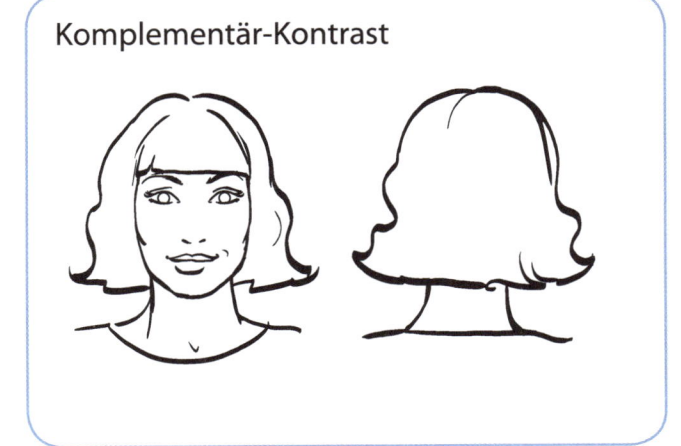

Farbharmonie	Hell-dunkel-Kontrast
Klar-trüb-Kontrast	Bunt-unbunt-Kontrast
Komplementär-Kontrast	Kalt-warm-Kontrast

9 Welche dieser Farbkombinationen würden Sie jeweils den Kundinnen empfehlen? Begründen Sie Ihre Entscheidung.

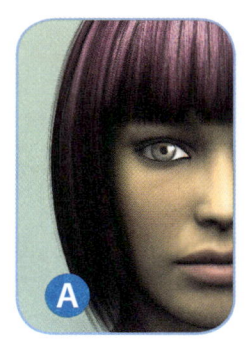

A   B   C   D   E

a) Eine junge Kundin trägt bevorzugt schwarze und auffällige Kleidung. Sie wünscht sich eine auffällige Farbe im Haar.

_____

_____

b) Eine Kundin vom klassischen Typ möchte eine deutliche Farbveränderung, sie soll aber nicht bunt wirken.

_____

_____

c) Eine Kundin möchte ihren Haarschnitt unbedingt behalten, wünscht sich aber eine stärkere Betonung durch Farbe.

_____

_____

10 Wie werden **Haarfärbungen** durchgeführt?

a) Ergänzen Sie den Text.
Sie beginnen immer an der Stelle, an der die Farbveränderung am stärksten werden soll. Wenn Sie heller färben wollen, beginnen Sie mit dem Farbauftrag an

_____ .

Wenn Sie dunkler färben wollen, beginnen Sie mit dem

Farbauftrag an _____ .

b) Warum eignet sich in beiden Fällen die **Kreuzscheiteltechnik** am besten?

_____

_____

| Name | Klasse | Datum |

11 Soll in **mehreren Farben gefärbt** werden, wird der Farbauftrag aufwendiger.
- Notieren Sie, welche Farben jeweils erwünscht sind und zeichnen Sie ein, wo sie aufgetragen werden.
- Mithilfe welcher Techniken lassen sich die Farbwünsche erreichen? Beschreiben und begründen Sie Ihre Auswahl.

> **Tipp**
> Wenn mehrere Techniken infrage kommen, beschreiben Sie möglichst verschiedene.

Farbwunsch	Auftragebereiche	Mögliche Auftragetechnik mit Begründung

Lernfeld 9   9.2 Farbtöne und Auftragetechniken auswählen

Farbwunsch	Auftragebereiche	Mögliche Auftragetechnik mit Begründung

88 Lernfeld 9   9.2 Farbtöne und Auftragetechniken auswählen

12 Warum ist die Technik der **Ansatzfärbung** nur bis zu einer Ansatzlänge von 2 cm möglich?

_____
_____

13 Eine Kundin hat einen **Weißanteil** von etwa 30 %, an den Schläfen ist sie jedoch besonders stark ergraut. Die Kundin hat einen Ansatz von 1,5 cm und soll mit Mittelgoldblond dunkler nachgefärbt werden. Wie führen Sie die Ansatzfärbung durch? Beschreiben Sie.

_____
_____
_____
_____
_____

14 Wie führen Sie einen **Farbausgleich** durch, wenn Längen und Spitzen heller als der frisch gefärbte Ansatz sind?

Leichte Farbabweichungen: _____
_____

Stärkere Farbabweichungen: _____
_____

15 Wenn alle Haare in einer neuen Farbe eingefärbt werden sollen, führen Sie eine **Neufärbung** durch. Wie gehen Sie vor, wenn die Zielfarbe a) dunkler oder b) heller werden soll?

a) Zielfarbe: dunkler   Ausgangsfarbe: Hellblondasch   b) Zielfarbe: heller/leuchtender

_____   _____
_____   _____
_____   _____
_____   _____

Planen

16 Welche Farben können Sie Frau Schmidt (vgl. S. 83) aufgrund ihrer Kundengegebenheiten empfehlen? Nennen Sie mindestens fünf Haarfarben.

_____

Entscheiden

17 Welche Farbkombination schlagen Sie Frau Schmidt vor? Zeichnen und begründen Sie. _____

_____

_____

_____

Ausführen

18 Schreiben Sie auf einem Extrablatt einen vollständigen Beratungsdialog.

19 a) Welche Farben werden wo aufgetragen? Zeichnen Sie.

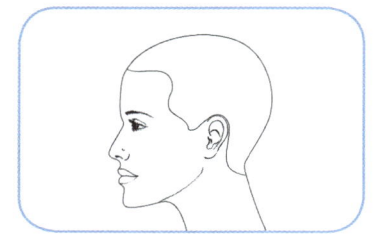

b) Benennen und beschreiben Sie die Auftragetechnik.

_____

_____

_____

_____

Kontrollieren

20 Präsentieren Sie in Gruppen Ihre Ergebnisse. Erklären Sie, wie Sie die Farben auftragen werden. Welche Rückfragen oder Anmerkungen kamen von Ihren Mitschülerinnen?

_____

_____

Bewerten

21 Werten Sie die Fragen oder Anmerkungen Ihrer Mitschülerinnen aus. Welche Inhalte müssen Sie verbessern? Wie können Sie Ihre Ergebnisse zukünftig besser präsentieren?

_____

_____

9.3 Präparat und Rezeptur auswählen und dokumentieren

LF 9

Frau Dunker ist seit vielen Jahren Haarschneidekundin in Ihrem Ausbildungssalon. Ihre Naturhaarfarbe ist Hellbraunasch, allerdings werden ihre feinen Haare in den letzten Jahren zunehmend weiß, inzwischen sind es schon fast 40 %.
"Ich hoffe, Sie können mir helfen, mir meine Naturhaarfarbe wiederzugeben. Das Weiß macht mich so alt!"
Wie können Sie Frau Dunker helfen? Stellen Sie eine geeignete Arbeitsplanung mit Rezeptur zusammen.

Informieren

1 Wodurch wird das **Farbergebnis** bei einer oxidativen Farbveränderung beeinflusst?

_____
_____
_____

2 Welche Auswirkungen haben folgende **Ausgangshaarfarben** auf die Rezeptur?

Dunkles Naturhaar

_____
_____
_____
_____
_____

Asiatisches Haar

_____
_____
_____
_____

Farblich vorbehandeltes Haar

_____
_____
_____

3 Welche Auswirkungen haben folgende **Haarstärken** auf die Rezeptur?

a) Benennen und zeichnen Sie den Haarquerschnitt (mit den entsprechenden Pigmenten).

b) Wie viel Wirkstoff benötigen diese Haarstärken bei einer Dunkelfärbung oder Aufhellung?

c) Begründen Sie.

Haarstärke 0,04 mm = _____

wenig Keratinmasse
wenige Pigmente

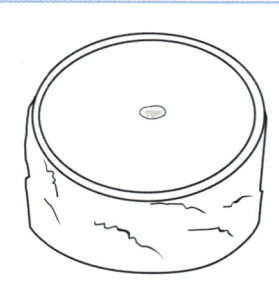

Ziel: dunkler		Ziel: heller	
wenig Alkalisierungsmittel, weil _____	wenig Farbstoffe, weil _____	wenig Alkalisierungsmittel, weil _____	wenig aktiver Sauerstoff, weil _____

Haarstärke 0,08 mm = _____

_____ Keratinmasse

_____ Pigmente

Ziel: dunkler		Ziel: heller	
_____ Alkalisierungsmittel, weil	_____ Farbstoffe, weil	_____ Alkalisierungsmittel, weil	_____ aktiver Sauerstoff, weil

| Name | Klasse | Datum |

4 Welche Auswirkungen haben folgende **Haarqualitäten** auf die Rezeptur?

a) Benennen und zeichnen Sie den Haarquerschnitt (mit den entsprechenden Pigmenten).

b) Wie viel Wirkstoff benötigen diese Haarstärken bei einer Dunkelfärbung oder Aufhellung?

c) Begründen Sie.

| flache Messung 0,03 mm, Schlaufenmessung 0,09 mm = _____ | Dieses Haar reagiert bei oxidativen Farbveränderungen wie _____ |

| poröses Haar | Die Schuppenschicht ist _____ , das Haar ist besonders _____ . Zum Herabsetzen der _____ ein _____ einsetzen. |

Ziel: dunkler		Ziel: heller	
_____ Alkalisierungsmittel, weil	_____ Farbstoffe, weil	_____ Alkalisierungsmittel, weil	_____ aktiver Sauerstoff, weil

5 Welche **Kundengegebenheiten** bringt Frau Dunker (vgl. S. 91) mit?

- _____
- _____
- _____
- _____

6 a) Welche Information können Sie aus dem Namen der Haarfarbe COLORANCE pH 6,8 ableiten?

_____
_____

b) Für welche Haarqualitäten würden Sie diese Farbe einsetzen?

_____

7 Wodurch unterscheiden sich **Intensivtönungen** von anderen oxidativen Haarfarben?

_____

8 Um sehr helle und dicke Haare ausreichend anzufärben, werden sehr viele Farbstoffe benötigt. Wie können Sie **zusätzliche Farbstoffe** in das Haar einbringen?

- _____
  _____
  _____

- _____

9 Um dunkle und dicke Haare aufzuhellen oder helle, leuchtende Strähnen in einem Arbeitsgang zu färben, werden spezielle Präparate verwendet.

a) Geben Sie Beispiele für solche Präparate aus Ihrem Salon an.

_____

b) Vervollständigen Sie die Sätze.

Präparate mit der Bezeichnung „Spezialblond" oder „Strähnenexpress" …
… haben einen höheren pH-Wert, denn _____
… werden dicker aufgetragen als Normalfärbungspräparate, weil _____
… werden mit 9- oder 12%igem Wasserstoffperoxid gemischt, denn _____
… werden meist im Mischungsverhältnis von 1:2 aus Farbcreme und Wasserstoffperoxid gemischt, denn

Lernfeld 9   9.3 Präparat und Rezeptur auswählen und dokumentieren

| Name | Klasse | Datum |

10 Nehmen Sie Stellung zu der Aussage: **Ammoniakfreie Farben sind haarfreundlicher.**

Tipp

Informieren Sie sich im Internet.

11 **Wasserstoffperoxid** als Lieferant des aktiven Sauerstoffs wird in verschiedenen Konzentrationen angeboten. Je höher die Konzentration, desto stärker wird das Haar geschädigt. Wofür werden die einzelnen Konzentrationen in der Regel eingesetzt? Ordnen Sie mit Pfeilen die Konzentrationen zu.

- Dunklerfärbung (Normalfärbung)
- Dunklerfärbung mit Intensivtönung
- Hellerfärbung um 5 Stufen
- Normalfärbung um 2 Stufen heller
- Hellerfärbung um 2 Stufen
- Foliensträhnen

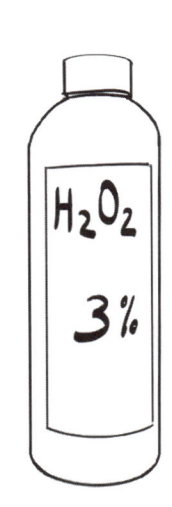

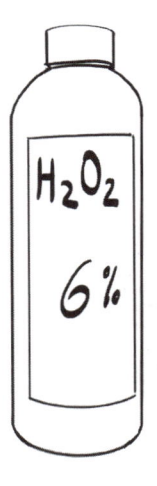

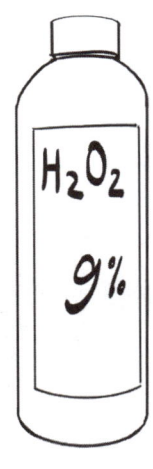

H_2O_2 1,9 % H_2O_2 3 % H_2O_2 6 % H_2O_2 9 % H_2O_2 12 %

- Langsame Aufhellung bei aufwendigen Strähnentechniken
- Normalfärbung auf gleicher Farbtiefe
- Kammsträhnen
- Ton-in-Ton-Färbung mit Intensivtönung
- Normalfärbung um 3 Stufen heller

Lernfeld 9   9.3 Präparat und Rezeptur auswählen und dokumentieren

12 In welchem **Mischungsverhältnis** werden folgende Präparate vermengt?

- Wasserstoffperoxid und Blondiergranulat   _____
- Normale Farbcreme und Wasserstoffperoxid   _____
- Farbcreme zur Hellerfärbung und Wasserstoffperoxid   _____
- Spezielle Strähnenfarbe und Wasserstoffperoxid   _____

13 Welche **Rezepturen** schlagen Sie für folgende Fälle vor?

> **Tipp**
> Bestimmen Sie zuerst Ausgangs- und Zielfarbe!

Ausgangsfarbe	Zielfarbe	Rezeptur mit Begründung

Lernfeld 9 9.3 Präparat und Rezeptur auswählen und dokumentieren

14 Das Farbergebnis ist nicht nur abhängig von der Rezeptur, sondern auch von der **Einwirkzeit**.
Versuch: *Blondierung mit H_2O_2 (6 %) bei unterschiedlicher Einwirkzeit: 5, 15, 25, 35 Minuten*

a) Was stellen Sie fest? Notieren Sie.

_____

b) Wie ist dieses Ergebnis zu erklären? _____

_____

15 Nehmen Sie zu folgenden Aussagen Stellung:
„Haare lassen sich auch mit H_2O_2 (3 %) aufhellen, sogar besser."

_____

_____

„Wenn die Blondierung nicht genug aufhellt, ist die Einwirkzeit beliebig zu verlängern."

_____

_____

16 „Während der Einwirkzeit setze ich die Kundin unter ein Climazon, dann geht es schneller", erklärt eine Kollegin. „Das mache ich niemals, denn das schädigt die Haare enorm", entgegnet eine andere.

a) Welche Auswirkungen hat die Zugabe von Wärme bei einer oxidativen Farbbehandlung?

_____

b) Entwickeln Sie einen Versuch, mit dem Sie Ihre Meinung unterstützen können.

_____

_____

_____

_____

17 Warum steht in Gebrauchsanweisungen für Spezialpräparate zur Hellerfärbung „Bei vorbehandelten Haaren keine Wärme zugeben"?

_____

_____

Planen

18 Welche Punkte umfasst eine Arbeitsplanung mit Rezeptur?

_____
_____
_____
_____

Tipp

Alle Stichpunkte haben Sie in dieser und der vorigen Lernsituation bearbeitet.

Ausführen

21 Stellen Sie auf einem Extrablatt eine Arbeitsplanung einschließlich Rezeptur in Stichpunkten zusammen.

Kontrollieren

22 Vergleichen Sie Ihre Arbeitsplanung mit den Mitschülerinnen.

a) Notieren Sie Punkte, die fehlen.

_____
_____

b) Notieren Sie Unterschiede in der Rezeptur oder bei der Einwirkzeit.

_____
_____
_____

Entscheiden

19 Welches Präparat wählen Sie für Frau Dunker (vgl. S. 91) aus? Begründen Sie Ihre Auswahl.

_____
_____
_____

20 Erläutern Sie, welche Einwirkzeit Sie für die Behandlung von Frau Dunker auswählen.

_____
_____
_____
_____

Bewerten

23 Was müssen Sie zukünftig bei Ihrer Arbeitsplanung ergänzen? Warum ist diese Ergänzung notwendig?

_____
_____
_____

24 Halten Sie es für notwendig, Ihre Rezeptur zu verändern? Warum?

_____
_____
_____
_____

9.4 Mit unerwünschten Farbergebnissen und Reklamationen umgehen

LF 9

Frau Reichenauer ist ärgerlich und platzt gleich an der Rezeption heraus: „Gestern haben Sie mir die Haare gefärbt. Mein Mann findet die Farbe viel zu dunkel. Mir scheint, die Farbe ist tatsächlich dunkler, als wir es besprochen haben. So kann ich unmöglich aus dem Haus gehen!"
Wie gehen Sie auf Frau Reichenauer ein, damit sie Ihnen als Stammkundin erhalten bleibt?

Informieren

1 Haben Sie selbst schon einmal etwas **reklamiert**? Schildern Sie kurz die Situation und Ihre Gefühle dabei.

_____
_____
_____

2 Ihre Ausbilderin sagt: „Ich freue mich immer, wenn eine Kundin zur Reklamation zu mir zurückkommt." Erklären Sie diese Aussage.

_____
_____
_____

3 Bei berechtigten Reklamationen hat die Betriebsinhaberin verschiedene **Möglichkeiten**. Erklären Sie diese Möglichkeiten mithilfe von praktischen Beispielen aus Ihrem beruflichen Alltag.

Werden mangelhafte Waren oder fehlerhaft ausgeführte Dienstleistungen reklamiert, kann die Betriebsinhaberin…

- … den **Preis mindern**.
- … **umtauschen**.
- … **vom Vertrag zurücktreten**.
- … **nachbessern**.

4 Auch Farbbehandlungen können ein Grund für Reklamationen sein.
Mit welchen **unerwünschten Farbergebnissen** ist zu rechnen, wenn Sie

a) die Farbe ungleichmäßig aufgetragen haben? _____

b) die Haarstruktur nicht berücksichtigt haben?

_____

c) den Farbbrei nicht sofort aufgetragen haben? _____

5 Unerwünschte Farbergebnisse lassen sich durch Blondiermittel aufhellen.

a) Dieser Vorgang wird als „oxidativer" oder „alkalischer" Farbabzug bezeichnet. Warum?

Oxidativ: _____

_____

Alkalisch: _____

_____

b) Wie lautet die Rezeptur einer **Blondierwäsche**? Geben Sie ein Beispiel an.

c) Wie wird eine Blondierwäsche durchgeführt?

_____

_____

_____

d) Mit welchen Nachteilen müssen Sie beim oxidativen Farbabzug rechnen?

- _____

_____

- _____

_____

- _____

6 Spezielle Farbentferner können frische Färbungen ohne Haarschäden vollständig entfärben.

a) Notieren Sie, wie ein **reduktiver Farbabzug** durchgeführt wird.

b) Ergänzen Sie die Zeichnungen zu den entsprechenden Vorgängen im Haar.

Durchführung	Vorgänge im Haar	Erklärung
In einer Schale werden _____ _____ _____		Um wirksam zu bleiben, müssen Säure und Reduktionsmittel getrennt gelagert werden und dürfen erst direkt vor der Anwendung vermischt werden.
Auftragen: _____ _____ _____ _____		Im frisch gefärbten Haar befinden sich oxidative Farbstoffe, aufgebaut durch eine Oxidationsreaktion aus Farbbildnern und aktivem Sauerstoff.
_____ _____		Oxidative Farbstoffe werden abgebaut, das Reduktionsmittel entzieht ihnen den aktiven Sauerstoff, die farblosen Farbbildner bleiben übrig.
_____ _____		Farbbildner werden aus dem Haar gespült. Bei zu kurzem Spülen verbleiben einige der Farbbildner im Haar.
Kontrolle: _____ _____ _____		Unerkannt im Haar verbleibende Farbbildner können durch Luftsauerstoff wieder farbig werden. Die Kundin würde „nachdunkeln". Bei der Kontrolle werden im Haar verbliebene Farbbildner vom H_2O_2 erneut oxidiert und somit farbig. Haar kann erneut behandelt werden.

7 Im **Reklamationsgespräch** achtet die Friseurin auf

a) Körperhaltung: _____

b) Gesprächstechniken: _____

_____

c) Umgebung: _____

Informieren Sie immer Ihre Chefin!

Planen

8 a) Welche Möglichkeiten gibt es, die Haare der Kundin (vgl. S. 99) aufzuhellen?

_____

_____

b) Notieren Sie den Ablauf des Gesprächs.

_____

_____

_____

Entscheiden

9 Welches Angebot machen Sie Frau Reichenauer? Begründen Sie Ihre Entscheidung. _____

_____

_____

Ausführen

10 Bereiten Sie ein Rollenspiel vor. Schreiben Sie zu jedem geplanten Gesprächsabschnitt eine Rollenkarte, auf der Sie Verhaltenshinweise, z. B. Körpersprache, wichtige Formulierungen sowie die fachliche Lösung des Problems festhalten.

Kontrollieren

11 Führen Sie paarweise Reklamationsgespräche durch, indem Sie abwechselnd Kundin und Friseurin darstellen. Halten Sie gemeinsam mit Ihrer Mitschülerin zwei Situationen fest, in denen Sie Schwierigkeiten hatten, die Kundin zu überzeugen.

- _____

_____

- _____

_____

Bewerten

12 Wie können Sie sich zukünftig noch besser in einem Reklamationsgespräch verhalten?

_____

_____

13 Hätten Sie eine andere fachliche Lösung anbieten können? Welche?

_____

_____

_____

_____

9.5 Blondiertes Haar einfärben

LF 9

Frau Brook, eine Kundin, die regelmäßig zur Färbung zu Ihnen kommt, erscheint heute unangemeldet im Salon, weil sie fachliche Hilfe benötigt. „Ich wollte meine Haare nur ein kleines bisschen aufhellen und habe mir ein Präparat für die Heimbehandlung gekauft. Meine Haare sind viel zu hell geworden! Bitte helfen Sie mir, ich möchte unbedingt wieder dunkler werden! Am liebsten Mittelblond, wie ich vorher war."
Wie können Sie die stark aufgehellten, hell-lichtblonden und strapazierten Haare von Frau Brook dunkler einfärben?

Informieren

1 Wie ist der **stark strapazierte** Zustand der Haare von Frau Brook zu erklären?

- _____
- _____
- _____

2 Erklären Sie die zwei Beobachtungen:

a) Färbt man blondiertes Haar direkt mit der gewünschten Zielfarbe ein, erscheinen die Haare unmittelbar nach der Färbung viel dunkler als gewünscht.

_____
_____

b) Nach wenigen Haarwäschen zeigt sich häufig ein grünlicher, matter Schimmer.

_____
_____
_____
_____

3 Um ausreichend Farbstoffe in das aufgehellte Haar einzulagern, müssen schon vor der eigentlichen Färbung Farbstoffe eingelagert werden. Das geschieht durch das sogenannte **Vorpigmentieren**. Erklären Sie die Wirkung der Vorpigmentierungspräparate.

_____
_____
_____

4 Ordnen Sie die Informationen den drei **Vorpigmentierungstechniken** mit Pfeilen zu. Mehrfachzuordnungen sind möglich.

- zum Farbausgleich bis zu einer Zielfarbe der Farbtiefe Hellblond (8)
- werden unverdünnt aufgetragen
- wenn mehr als 2 Stufen dunkler gefärbt werden soll
- nicht abspülen, Zielfarbe direkt darüber auftragen

Vorpigmentieren mit Tönungsmitteln

Vorpigmentieren mit oxidativer Haarfarbe

Vorpigmentieren mit Spezialpräparaten

- enthalten Farbbildner und direktziehende Farbstoffe
- werden mit Wasser vermischt und aufgetragen
- werden vorwiegend im rötlichen Bereich angeboten (Rot, Gold, Kupfer)
- geeignet sind die Farbrichtungen „Goldblond" bei Blondtönen und „Kastanie" bei Brauntönen

Planen

5 Welche Haarfarbe hat Frau Brook jetzt?

6 Welche Zielfarbe möchte sie erreichen?

Entscheiden

7 Womit pigmentieren Sie das Haar von Frau Brook vor?

Ausführen

8 Beschreiben Sie, wie Sie bei der Behandlung der Kundin vorgehen.

Kontrollieren

9 Vergleichen Sie mit Ihren Mitschülerinnen. Inwiefern weicht Ihr Ergebnis ab?

Bewerten

10 Was können Sie an Ihrer Vorgehensweise verbessern?

Komplexe Aufgabe: Haare aufhellen – Blondierung oder Hellerfärbung?

Frau Volik hat ihr Haar jahrelang in Mittelblond gefärbt, sich vor einem Jahr aber entschieden, die Haare in ihrem Naturton, Mittelbraunnatur, herauswachsen zu lassen. Sie trägt ihr dickes Haar seitdem in einem schicken Kurzhaarschnitt, der ihre braunen Augen toll zur Geltung kommen lässt.
Heute ist sie unentschlossen. „Ich würde gerne anders aussehen. Färben möchte ich aber nicht wieder. Meine Haare waren immer so strapaziert. Können Sie mir trotzdem ein paar helle Strähnchen machen? In Honigblond vielleicht? Gibt es da eine haarschonende Methode?"
Was schlagen Sie Frau Volik vor?

Informieren

1. Wie lassen sich Haare aufhellen? Erstellen Sie eine Tabelle, in der Sie die Präparate nennen, kurz erklären und deren Möglichkeiten und Grenzen auflisten.

2. Welche Strähnentechniken gibt es?

Planen

3. Welche Kundengegebenheiten müssen Sie bei Frau Volik berücksichtigen?

Entscheiden

4. Für welche Zielfarbe, für welches Präparat und für welche Strähnentechnik entscheiden Sie sich? Begründen Sie Ihre Wahl.

Ausführen

5. Notieren Sie Ihren Vorschlag für Frau Volik in wörtlicher Rede. Gehen Sie dabei besonders auf ihre Kundenwünsche ein.

Kontrollieren

6. Vergleichen Sie Ihre Lösung mit den Mitschülerinnen. Notieren Sie, an welchen Stellen Ihr Vorschlag verbessert werden kann.

Bewerten

7. Welche Verbesserungen und/oder Ergänzungen können Sie bei Ihrem Lösungsvorschlag vornehmen? Notieren Sie mindestens zwei Punkte.

English – Client Service Record

Client Service Record

Name: Address:

Telephone:

Profession: Age: Colour type:

Client`s wish:

Hair Analysis

Porosity: over porous hair ☐   porous hair ☐   non-porous hair ☐   uneven porosity ☐

Hair texture: fine ☐   medium ☐   coarse ☐

	root	lengths	tips
colour level:			
colour tone:			

white hair: no ☐   yes, percentage _____ %

distribution of white:

more at the sides ☐   more at the front ☐   other areas: _____

prior chemical treatments:

colour ☐   permanent wave ☐   relaxation ☐   when: _____ months ago

allergies: no ☐   yes ☐   to _____

scalp: _____

Colour treatment

Date	Product	Oxidant/Developer	Processing time	Comments	Sold Products	Price

❶ Make a list of all new words. Translate them.

❷ Work with a partner. Analyze each other's hair and recommend a colour treatment. Record the consultation on the client's record card.

Tipp

Fachbegriffe zur Haar- und Kopfhautbeurteilung finden Sie auch in Lernfeld 3.

| Name | Klasse | Datum |

Lernfeld 6 – Die Profiaufgabe

Frau Schönemann kommt seit vielen Jahren als Prüfungsmodell in den Salon. Sie hat halblange, gestufte Haare, die sich gut frisieren lassen. Heute ist sie bei Ihnen als Modell angemeldet. Gemeinsam mit Ihrer Ausbilderin haben Sie die Haare auf mittelgroße Wickler eingelegt. Die Frisur soll viel Volumen am Ober- und Hinterkopf erhalten. Rundherum sollen die Locken aufspringen. Wie gehen Sie vor?

Informieren Sie sich über die Finishtechniken.

Planen Sie die Erstellung der Frisur von Frau Schönemann. Welche Technik setzen Sie wo ein?

Entscheiden Sie sich für die Reihenfolge Ihrer Arbeitsabläufe.

Beschreiben Sie die **Ausführung** der einzelnen Arbeitsschritte genau.

Haben Sie an alles gedacht? **Kontrollieren** Sie sich, indem Sie Ihre Ergebnisse untereinander vergleichen.

Bewerten Sie Ihre Beschreibung der Arbeitsschritte. Was können Sie zukünftig verbessern?

Lernfeld 7 – Die Profiaufgabe

Sie kennen Frau Pawlow seit einiger Zeit. Ihr Typ ist natürlich, sportlich. Sie trägt stets eine luftgetrocknete Frisur. Heute ist sie wieder zum Spitzenschneiden angemeldet. Traurig sagt sie: „Ich hätte gerne eine andere Frisur, aber das geht leider nicht. Ich habe so lockige Haare, dass sie bei Kurzhaarfrisuren stark abstehen. Die Frisur sollte praktisch sein. Wenn ich die Haare einfach nur durchbürste, sehen sie furchtbar kraus aus." Wie können Sie Frau Pawlow helfen?

Informieren Sie sich über alle Möglichkeiten, Haare zu glätten.

Tipp

Informieren Sie sich auch in Lernfeld 6.

Planen Sie die Behandlung gemeinsam mit Frau Pawlow. Welche Fragen müssen Sie ihr stellen, um sich für eine Behandlungsmethode entscheiden zu können?

Entscheiden Sie sich für eine Behandlungsmethode, die für Frau Pawlow geeignet ist.

Beschreiben Sie das **Ausführen** der Behandlung.

Kontrollieren Sie Ihre Lösung durch Vergleichen mit zwei Mitschülerinnen.

Bewerten Sie Ihren Lösungsvorschlag – ist die von Ihnen gewählte Behandlung die beste? Notieren Sie ggf. eine Behandlung, die besser für Frau Pawlow geeignet ist.

Lernfeld 8 – Die Profiaufgabe

Frau Jonas hat sich vor ihrem Urlaub helle Strähnen am Oberkopf machen lassen. Jetzt wirken ihre Haare ausgeblichen und sehr trocken, vor allem in den Spitzen. „Die Haarfarbe soll wieder lebendiger wirken", wünscht sich Frau Jonas, „Vielleicht etwas Rötliches?" Beraten Sie Frau Jonas.

Informieren Sie sich über Präparate, die für eine haarschonende Farbveränderung eingesetzt werden können.

Planen Sie die Beratung durch das Bereitlegen von geeigneten Medien.

Entscheiden Sie sich für ein Präparat und zwei bis drei Farbtöne, die für Frau Jonas und ihren Wunsch geeignet sind.

Ausführen: Notieren Sie ein Beratungsgespräch mit Frau Jonas in Dialogform.

Bilden Sie Dreiergruppen und **kontrollieren** Sie Ihr Gespräch, indem zwei Gruppenmitglieder (Friseurin/Frau Jonas) der dritten Person (Beobachterin des Rollenspiels) das erarbeitete Beratungsgespräch vorführen.

Das **Bewerten** des Gesprächs nimmt die Beobachterin vor, indem sie drei positive und drei negative Punkte notiert und zur Sprache bringt.

Lernfeld 9 – Die Profiaufgabe

Herr Baumann ist entsetzt. „Ich bin richtig weiß geworden. Können Sie mir helfen?" Ihre Ausbilderin greift die Idee sofort auf und bittet Sie: „Überlegen Sie sich, wie wir Herren von einer Farbbehandlung überzeugen können. Mit einem Flyer vielleicht oder einem Aufsteller am Bedienplatz? Ihnen fällt sicher etwas ein." Bereiten Sie einen Vorschlag vor, den Sie der Ausbilderin präsentieren können.

Informieren Sie sich über die Farbberatung im Herrensalon und geeignete Präparate, die Sie anbieten können. Erklären Sie mögliche Besonderheiten des Kundenklientels.

Planen Sie eine Werbung. Sammeln Sie dafür möglichst viele verschiedene Werbemöglichkeiten.

Entscheiden Sie sich für ein Präparat oder einen Kundenwunsch, den Sie in Ihrer Werbung ansprechen wollen und wählen Sie die geeignete Werbemöglichkeit aus.

Ausführen: Entwerfen Sie eine Werbung zum Thema „Farbbehandlung bei Herren".

Stellen Sie Ihre Werbeidee zur **Kontrolle** den Mitschülerinnen vor und entscheiden Sie schließlich gemeinsam, welche Werbung am erfolgreichsten sein wird.

Bewerten Sie anschließend Ihre Arbeit und notieren Sie Kritik und Anregungen der Mitschülerinnen.

Alphabetische Vokabelliste für die Lernfelder 6–9

Englisch	Deutsch	LF
A		
(to) add	hinzufügen	6
age	Alter	9
alkaline lotion	alkalische Lösung, alkalische Flüssigkeit	7
area	Bereich	9
attached	befestigt	7
B		
blow-dryer	Föhn	6
blue/bluish	Blau/bläulich	8
box	Kasten	6
burned	verbrannt	7
butterfly clip	(Schmetterlings-)Spange	6
C		
chart	Karte	6
cheek	Wange	7
chemical	Chemikalie	7, 9
chestnut	Kastanie	8
client	Kunde/Kundin	7
Client Service Record	Kundenkartei	9
coarse	dick, drahtig, grob	9
cold waves	Kaltwellen	7
colour level	Farbtiefe	9
colour tone	Farbrichtung	9
colour type	Farbtyp	8
(to) comb	kämmen	6
consultation	Beratung	9
(to) cook	kochen	7
copper	Kupfer	8
(to) curl	locken	6
curling iron	Lockenstab	7
D		
(to) damage	beschädigen	7
dangerous	gefährlich	7
developer	Entwickler	9
distribution	Verteilung, Aufteilung	9

Englisch	Deutsch	LF
(to) divide/(to) divide sth off	teilen, abteilen	6
(to) draw	hier: ziehen	7
(to) dry	trocknen	6
E		
electrical	elektrisch	7
experience	Erfahrung	7
F		
finished hairstyle	fertige Frisur	6
flat brush	Flachbürste	6
G		
ginger	Rotblond	8
green/greenish	Grün, grünlich	8
grey	grau	8
H		
hairspray	Haarspray	6
hair straightener	Haarglätteisen	6
hazelnut	Haselnuss	8
(to) heat	erhitzen	7
heavy	schwer	7
(to) hold	halten	6
hood-dryer	Trockenhaube	6
I		
in front	vorne	9
ice-blue	Eisblau	8
(to) identify	identifizieren	8
K		
(to) keep	halten	6
L		
length	Länge	9
M		
medium	mittel	8
metal roller	Metallwickler	7

Englisch	Deutsch	LF
N		
non-porous	nicht porös	9
O		
over porous	stark porös	9
P		
parting	Scheitel	6
(to) pay	bezahlen	7
peach-coloured	pfirsichfarben	8
permanent wave	Dauerwelle	7, 9
perming machine	Dauerwellapparat	7
popular	bekannt, modern	7
porous/porosity	porös/Porosität	9
prior	vorhergehend	9
processing time	Einwirkzeit	9
profession	Beruf	9
R		
radial brush	Rundbürste	6
(to) recommend	empfehlen	8
relaxation	chemische Haarglättung	9
red/reddish	Rot/rötlich	8
rods *(AE)*	Wickler	7
roller	Wickler	6
roots	Haaransatz	9
rosy	rosig	8
S		
scalded	verbrüht	7
scalp	Kopfhaut	7
shade	Farbton	8
scissors	Schere	6
setting lotion	flüssiger Festiger	6
setting pin	Nadel	6
shine	Glanz	6
short	kurz	7
skin	Haut	7

Englisch	Deutsch	LF
side	Seite	9
smooth	glatt, weich	6
spots	Flecken	8
spiral rods *(AE)*	Spiralwickler	7
steam	Dampf	7
straight	glatt	6
strands	Strähnen	6
T		
tail-comb	Stielkamm	6
technique	Technik	7
temperature	Temperatur	7
texture	Haarbeschaffenheit, Haaroberfläche	9
tight	stramm	7
tips	Haarspitzen	9
tool	Werkzeug	6
towel	Handtuch	6
turquoise	Türkis	8
treatment	Behandlung	7, 9
U		
undertone	(Haut-) Unterton	8
uneven	ungleichmäßig	9
V		
violet	Violett	8
volume	Volumen, Fülle	6
W		
wax	Wachs	6
wet	nass	6
wide-toothed comb	weitzinkiger Kamm	6
(to) wind	wickeln	7
wish	Wunsch	9
Y		
yellow, yellowish	Gelb, gelblich	8

Sachwortverzeichnis

A
Absorbieren 46
additiv 45
Ammoniakfreie Farben 95
Anionisch 68
Ansatzfärbung 89
Ansatzvolumen 9
Arbeitsmittel 7, 8
Ausgangshaarfarbe 66, 91

B
Blondiercreme 77
Blondiervorgang 76
Blondierwäsche 100
Brückenbindungen 27

C
Chemikalien 39

D
Direktzieher 66
Doppelschwefelbrücken 29

E
Einlegetechnik 16–18
Einwirkzeit 97
Epochen 5
Eumelanin 53

F
Fallrichtung 9
Farbabzug 100
Farbauftrag 87
Farbausgleich 89
Farbcreme 79
Farbe 45
Farbempfehlung 63
Farbentferner 101
Farbintensität 69
Farbkombinationen 85
Farbkreis 47
Farbrichtung 53
Farbspray 68
Farbtiefe 53
Farbtypen 61
Farbveränderung 65
Farbverlust 73
Finishpräparate 12
Fixieren 42
Fixiermittel 28
Frisurenelemente 15
Frisurentrends 84
Frisurenvariante 21
Frühlingstyp 57

G
Gelbstich 67
Glätteisen 11
Grundfarbe 47

H
Haaraufbau/-feinbau 2
Haareigenschaften 1
Haarfärbung 86
Haarfollikel 51
Haarumformung, dauerhaft 23
Haarstärke 92
Haarqualität 93
Haarvolumen 15
Haltbarkeit 9
Herbsttyp 59
historische Frisiertechniken 5
Hygroskopizität 1

I
Intensivtönung 81

K
Käfigeffekt 78
kalte Farben 55
Kapillarität 24
kationische Pflegestoffe 37
Klarfarbe 49
Komplementärfarbe 48
Kopfhautzustand 25
Kosmetik-Verordnung 81
Kreuzscheiteltechnik 86

L
Lichtquelle 46
Lockenstab 11

M
Mischfarbe 47

N
Nachfixieren 42
Neunertypologie 62

O
Oxidationsmittel 28
Oxidative Färbung 80

P
Papilloten 10
Pastellfarbe 49
Peptidspirale 3
Pflanzenfarbe 70 f
Pigmente 52
Pigmentabbau 77
Pigmententstehung 51
Pigmentverteilung 52
Phäomelanin 53
Probewickel 41

Q
Querschnitt 24

R
Reflektieren 46
Reduktionsmittel 28
Reklamationsgespräch 102
Rezeptur 96

S
Saugfähigkeit 25
Schneckentechnik 70
Sommertyp 58
Spektralfarben 46
Spezialwickler 31
Stylingpräparate 12
subtraktiv 45

T
Tönungsvorgang 67, 69
Trübfarbe 49

U
Umformung 1
Umformungseigenschaften 24
Umformungsgrad 9
Umformungsvorgang 3

V
Volumenwickler 10
Vorbehandlungspräparat 37
Vorpigmentieren 103

W
warme Farben 55
Wasserstoffbrücken 3
Wasserstoffperoxid 76
Weißanteil 54
Wellergebnis 41
Wellmittel 28, 34 f
Wickeltechnik 32 f
Wintertyp 60

Bildquellenverzeichnis

Basler Haar-Kosmetik GmbH & Co. KG, Bietigheim-Bissingen: S. 7/3, 4, 6–8, 10, 11, 14–18; 8/1, 3, 5, 7, 9, 10, 12, 14; 22/2, 4, 7, 9, 13, 15; 65/2, 4, 7, 9; 67/3, 6, 7

Dörflinger, Benno, Todtnau: S. 44

Dreher, Silke, Hamburg: S. 7/2, 5, 9, 13, 19, 21; 8/2, 6, 8, 13; 22/3, 6, 8

Fotolia Deutschland, Berlin, © www.fotolia.de: S. 1 (auremar); 4 (auremar); 7/1 (Sandro Götze); 9/3 (Anja Roesnick); 13 (Sandro Götze); 15 (Sandro Götze); 25 (Yuri Arcurs); 26/1 (puje), 2 (Valua Vitaly), 3 (contrastwerkstatt); 31/1 (Oleksandr Lishinskiy); 33/1 (George Mayer); 43 (Nejron Photo); 51/1 (Valua Vitaly); 56/1 (Christian Schwier), 2 (Kasandra), 3 (Frank Täubel); 61/1 (Yvonne Bogdanski), 2 (BestPhotoStudio), 3 (Valua Vitaly); 65/1 (Lulu Berlu); 71/2 (AndersonRise); 73 (fotum); 86/2 (Hunta),3 (contrastwerkstatt), 5 (Dream-Emotion); 87/5 (Christian Schwier); 88/3 (Sandro Götze); 89 (Kurhan); 91/3 (Manuel Tennert),4 (Sandro Götze); 96/1 (LE image),5 (mihhailov); 107/1 (Olga Ekaterincheva),2 (Tracy Whiteside); 108/1 (mediamo), 2 (Yuri Arcurs)

Gieseke cosmetic GmbH, Wedemark: S. 7/20; 8/4,11; 22/1

Henkel Beauty Care Schwarzkopf Professional - Hans Schwarzkopf & Henkel GmbH, Hamburg: S. 22/5; 65/5; 67/5

Hoting, Dr. Med. Edo, Hamburg: S. 52/1

iStockphoto, Berlin: S. 8/15 (zilli); 9/1 (Brad Killer), 2 (Superfly Images), 4 (genyuan huang), 5 (Cagri_Özgür), 6 (Laryza Dodz), 7 (Valua Vitaly), 8 (Chris Gramly); 26/4 (Julia Savchenko); 33/2 (Cagri Özgür), 3 (Joey Boylan); 55 (Grady Reese); 71/1 (Anaja Creatif), 3 (diane); 83 (soubrette); 86/1 (Sarah Holmlund), 4 (George Mayer); 87/1 (bobbie); 88/1 (Laryza Dodz), 5 (Georg Hanf); 91/1 (Jean Gill), 2 (Superfly Images); 96/3 (Julia Savchenko); 103 (Tom Fullum); 105 (Stigur Karlsson)

JAGUAR United Salon Technologies, Solingen: S. 22/10

Kao Germany GmbH, Darmstadt: S. 36/1,2; 65/10,13; 68; 77/2

Kleemiß, Britta, Sommerland: S. 10/1–6; 11/1–6; 16/13–15; 17/17; 18/1,3,5; 31/2–4; 69/2; 70/2–4; 86/6; 96/2, 4, 6

Krausen, Scott, Mönchengladbach: S. 2; 3/1–6; 24/1–5; 27/2; 29/1, 2; 37/1–4; 41; 51/2, 3; 52/2; 67/1; 76/1,2; 78; 80/1–6; 92; 101/1–4

Lied, Beatrix Isabel, Hamburg: S. 62/1-5,7,9; 113

LOGOCOS Naturkosmetik AG, Salzhemmendorf: S. 65/6

L'Oréal Deutschland GmbH, Düsseldorf: S. 36/3; 65/3, 14

Photographie Annette Clasen, Ellerbek: S. 69/1; 97

seasons.agency – Ein Unternehmensbereich der StockFood GmbH, München: S. 21 (Hermann Gerth); 87/3 (Hermann Gerth); 87/7 (Luci Miranda); 88/7 (Tin Dahl)

Solida Textil- und Netzwarenmanufaktur GmbH & Co. KG, Helmstedt: S. 22/14

Timm, Gabriele, Kaarst: S. 16/1–12, 16–18; 17/1–16, 18; 18/2, 4, 6; 19; 20/1, 2; 32/1–3; 46/1, 6; 63/1–8; 66/1–5; 70/1; 74/1–4; 87/2, 4, 6, 8; 88/2, 4, 6, 8; 90/2

Tusche-Kersandt, Elisabeth, Berlin: S. 6/1

Wella, Zweigniederlassung der Procter & Gamble Service GmbH, Schwalbach am Taunus: S. 22/11, 12; 28/1, 2; 35/1–3; 36/4; 52/3; 65/8, 11, 12; 67/4; 81

Wolf, Sylvia, Wiesbaden: S. 5; 23; 27/1; 39; 40; 45; 46/2–5, 7–10; 48/1–6; 49; 57/1, 2; 58/1, 2; 59/1, 2; 60/1, 2; 62/6, 8; 75; 76/3–5; 77/1; 79; 85/1–6; 90/1; 95; 99; 100; 102

Wulff, Brigitte, Hamburg: S. 7/12

ISBN 978-3-582-**39365**-4
Arbeitsheft – 2. Auflage

ISBN 978-3-582-**39366**-1
Arbeitsheft mit Lösungen – II/2. Auflage

Das Werk und seine Teile sind urheberrechtlich geschützt. Jede Nutzung in anderen als den gesetzlich oder durch bundesweite Vereinbarungen zugelassenen Fällen bedarf der vorherigen schriftlichen Einwilligung des Verlages. Die Verweise auf Internetadressen und -dateien beziehen sich auf deren Zustand und Inhalt zum Zeitpunkt der Drucklegung des Werks. Der Verlag übernimmt keinerlei Gewähr und Haftung für deren Aktualität oder Inhalt noch für den Inhalt von mit ihnen verlinkten weiteren Internetseiten.

Verlag Handwerk und Technik GmbH,
Lademannbogen 135, 22339 Hamburg; Postfach 63 05 00, 22331 Hamburg – 2016
E-Mail: info@handwerk-technik.de – Internet: www.handwerk-technik.de

Umschlagmotiv: tiff.any GmbH, 10999 Berlin
Umschlagfotos: Goldwell (KPSS international), Griesheim: 1; Kleemiß, Britta, Sommerland: 2; Dreher, Silke, Hamburg: 3; J7 group GmbH, Stuttgart: 4
Layout und Satz: tiff.any GmbH, 10999 Berlin
Druck: Konrad Triltsch Print und digitale Medien GmbH, 97199 Ochsenfurt-Hohestadt